Tanja Klein · Christian Wustrau

Abenteuer City Bound

Spielideen für soziales Lernen in der Stadt

Klett | Kallmeyer

Bibliografische Information der Deutschen Nationalbibliothek
Die Deutsche Nationalbibliothek verzeichnet diese Publikation in der Deutschen Nationalbibliografie; detaillierte bibliografische Daten sind im Internet über http://dnb.d-nb.de abrufbar.

Impressum

Tanja Klein, Christian Wustrau
Abenteuer City Bound
Spielideen für soziales Lernen in der Stadt

2. Auflage 2017

Redaktion: Susanne Lesaar, Freiburg
Realisation: Lars Pätsch (Satz), Sabine Duffens (Illustration)
Druck: BELTZ Bad Langensalza GmbH, Bad Langensalza
Printed in Germany

ISBN: 978-3-7800-4801-1

Tanja Klein · Christian Wustrau

Abenteuer City Bound

Spielideen für soziales Lernen in der Stadt

Klett | Kallmeyer

Inhalt

Vorwort

Im Rahmen der Mobilen Jugendarbeit ist die Stadt unser tägliches Praxisfeld. Als Ansprechpartner für Jugendliche sind wir an öffentlichen Treffpunkten sowie in Szenevierteln und Quartieren präsent und tauchen dort in die Lebenswelten der Jugendlichen ein. Die Stadt mit ihren öffentlichen Plätzen hat für unsere Adressaten einen besonderen Reiz. Mit Neugier und Abenteuerlust erobern sich Jugendcliquen Treffpunkte im öffentlichen Raum und nutzen die Verbindung aus Öffentlichkeit und Anonymität für ihre Selbstentwicklung. Auf der Straße werden Beziehungsnetze geflochten, neue Rollen ausprobiert und Grenzen getestet.

In unseren ersten Praxisjahren stellten wir uns die Frage, wie sich diese Prozesse fördern lassen und wie den Adressaten darüber hinaus alltagsrelevante Kompetenzen jugendgerecht vermittelt werden können. Antworten fanden wir in der Erlebnispädagogik, die uns durch die Loslösung von einem rein kognitiven Lernmodell überzeugte. Im Zuge diverser erlebnispädagogischer Fort- und Weiterbildungen begegneten wir erstmals dem City-Bound-Ansatz. Als wir das erste Mal selbst mit einem Päckchen Puddingpulver loszogen, um in einer fremden Stadt jemanden zu finden, der uns bei der Verarbeitung desselben unterstützt, erlebten wir hautnah, wie sehr uns die Aufgabe an unsere persönlichen Grenzen brachte. Wen sollten wir ansprechen? Wie sollten wir erklären, was wir vorhatten? Wie würden die Leute reagieren? Die Tatsache, im Team unterwegs zu sein, beruhigte uns. Nach ersten zögerlichen und erfolglosen Versuchen, Geschäftsleute von unserem Projekt zu überzeugen, hatte uns der Eifer gepackt. Das Sprichwort „Aller guten Dinge sind drei" erhielt bei uns eine stetig wachsende Zahl. Bei „Aller guten Dinge sind sieben" angekommen, fanden wir an der Haustür einer Studenten-WG endlich Verständnis für unsere „Notlage". Hier entstanden nicht nur ein köstlicher Schokopudding, sondern auch eine besonders witzige Unterhaltung und eine unvergessliche Begegnung zwischen eigentlich fremden Menschen. So hat er hat uns gepackt – der „City-Bound-Virus".

Nach und nach ließen wir City Bound in unsere Arbeit einfließen, gestalteten mehrtägige City-Bound-Programme und nutzten einzelne Aufgaben zur Aufwertung von Gruppenarbeit, Projekttagen und Freizeitaktionen. So gelang es, zahlreiche Impulse für soziales Lernen in unserem Arbeitsfeld zu verankern und elementare Ressourcen wie Selbstwirksamkeit und Selbstvertrauen spürbar zu machen. Nach unseren ersten Praxiserfahrungen wurden wir zunehmend mutiger.

Wir begannen, uns eigene Aufgaben auszudenken und entwickelten zielgruppen- und themenspezifische Programmabläufe. Im Jahr 2007 konzipierten wir unsere erste City-Bound-Fortbildung, in der wir unsere Erfahrungen an Multiplikatoren aus der Pädagogik weitergaben. Wie ein Lauffeuer fegte City Bound durch die Jugendarbeit unserer Region. Unser Fortbildungsangebot wurde breiter. Immer mehr Kollegen ließen sich mitreißen und trugen den City-Bound-Ansatz in die unterschiedlichen Praxisfelder aus Jugendhilfe und Schule. Dank der kollegialen Vernetzung und des fortwährenden Erfahrungsaustausches wuchs unser Ideenpool an Aktionen, Reflexionsmethoden und Materialien stetig. Dass die aus kreativer Spielfreude und gemeinschaftlicher Entwicklungsarbeit entstandenen Ideen nun im vorliegenden Buch einen Weg in die Arbeitsfelder weiterer Praktiker finden, freut uns sehr.

Und nun – lassen auch Sie sich mitreißen von den ungewöhnlichen, kreativen, verrückten, spontanen und kuriosen Facetten von City Bound.

Langgöns und Marburg, November 2013

Tanja Klein und Christian Wustrau

Mehr Informationen zu uns und unserer Arbeit:

→ ***http://www.citybound.org***

Einleitung

*„Wie viele Leute passen in eine Telefonzelle?
Überrede Passanten in der Fußgängerzone dazu,
dich bei diesem Experiment zu unterstützen!"*

*„Versuche, in einem Geschäft deiner Wahl einen Vorschlag
zur Dekoration des Schaufensters umzusetzen!"*

*„Überzeuge mindestens 20 Passanten davon,
gemeinsam im Chor ein Weihnachtslied zu singen!"*

„Das ist ja wie beim Junggesellenabschied", so das Statement eines Teilnehmers. Richtig ist: City-Bound-Aufgaben machen Spaß, ob in der Gruppe oder allein. Sie führen an Grenzen und manchmal sogar darüber hinaus. Sie fordern die Teilnehmer heraus und bieten ihnen Gelegenheit, neue Perspektiven wahrzunehmen, kreative Lösungsstrategien zu entwickeln, eigene Ressourcen zu entdecken und zu erweitern. Dazu sind sie einfach und kostengünstig umzusetzen, eignen sich quasi für jede Zielgruppe und viele thematische Schwerpunkte. Falsch ist dagegen der Eindruck, dass es bei City-Bound-Aktionen nur darum ginge, Ungewöhnliches zu tun, um damit möglichst viele Leute zu belustigen. Ganz im Gegenteil, das Potenzial von erlebnispädagogischen Aktionen im städtischen Raum ist immens. Die Förderung von Orientierung und Mobilität, von Kommunikationsfähigkeit wie auch Selbst- und Fremdwahrnehmung, die Stärkung von Konfliktlösungskompetenz sowie die Entwicklung von Selbstbewusstsein und Teamfähigkeit sind nur einige Schlagwörter, die die pädagogischen Ziele umreißen.

Daneben eignen sich City-Bound-Aktionen hervorragend als „Transportmittel" für fast alle Themen, die die Teilnehmer bewegen. Schon lange bewährt haben sich City-Bound-Module mit Themenschwerpunkten wie z.B. „Berufsorientierung" oder „Gruppen- bzw. Teamfindung" (siehe Beispielseminare auf den Seiten 145ff.). Denkbar sind aber auch Themen aus den Bereichen der politischen oder kulturellen Bildung oder Ereignisse des aktuellen Tagesgeschehens (z.B. die Erkundung von Lebenswelten, Bundestagswahlen, Sportereignisse).

Eine elementare Rolle im pädagogischen Kontext spielt dabei die Begleitung der Teilnehmer durch Transfer und Reflexion. Gerade im Bereich des sozialen Lernens ist es wichtig, den Sinn der Aufgaben zu vermitteln, sich das Einverständnis der Teilnehmer einzuholen und die Aufgaben so zu entwickeln bzw. abzuwandeln, dass sie, weder unter- noch überfordernd, das Einnehmen einer neuen Perspektive ermöglichen.

Die Stadt als Erfahrungsfeld bietet zahlreiche Möglichkeiten, um spannende und abwechslungsreiche Aktionen mit Jugendlichen durchzuführen. Geschäfte, Behörden, kulturelle Einrichtungen, Sehenswürdigkeiten, belebte Plätze, Fußgängerzonen, dazu viele Menschen mit all ihren individuellen Hintergründen – der Fantasie sind kaum Grenzen gesetzt.

Ein Schwerpunkt dieses Buches ist die Auswahl an klassischen und neuen Spielideen sowohl für Gruppen als auch für einzelne Teilnehmer. Hinzu kommen Reflexionsmethoden, wobei wir Wert darauf gelegt haben, sowohl Methoden zur intensiveren Reflexion als auch griffige Möglichkeiten zur Kurzauswertung in der Stadt vorzustellen.

Neben den Praxistipps gehen wir im Theorieteil auf alle wesentlichen Punkte ein, die für eine gelingende Durchführung der vorgestellten Aktionen wichtig sind, von der Rolle und Haltung der Leitung über den sinnvollen Aufbau von City-Bound-Aktionen bis hin zu Sicherheitshinweisen und einer Checkliste für die Vorbereitung.

Wir verwenden im Folgenden stets die männliche Schreibweise, um einen guten Lesefluss zu gewährleisten. Gemeint sind selbstverständlich immer sowohl die männliche als auch die weibliche Form.

1 City Bound – Erlebnispädagogik in der Stadt

Der deutsche Reformpädagoge Kurt Hahn (1886–1974) gilt als Wegbereiter der Erlebnispädagogik. Er war überzeugt davon, dass nachhaltiges Lernen nur durch das von Johann Heinrich Pestalozzi postulierte Handeln mit „Kopf, Herz und Hand“ gelingen kann. Lernen vollzieht sich nach der Philosophie von Hahn vor allem durch Erleben und Erfahrung. Für ihn war die Natur das ideale Lernfeld und so nutzte er sie für pädagogische Prozesse.

In den 1950er-Jahren gründete Kurt Hahn den Verein „Outward Bound“. Hier wurden Hahns Leitideen aufgegriffen und weiterentwickelt. Grundprinzip von Outward Bound ist bis heute die Kombination aus natursportlichen Aktivitäten, herausfordernden Situationen und dem Lernen in der Gruppe. Kern der Angebote ist also das Lernen in und mit der Natur (vgl. Internetquellen 1 und 2, Seite 163).

In den 1960er-Jahren entstand in den USA die Idee, das für die Erlebnispädagogik charakteristische erfahrungsorientierte Lernkonzept in den städtischen Raum zu übertragen. Diese Programme wurden zunächst in den USA und später unter dem Titel „City Challenge“ in englischen Großstädten umgesetzt.

Später entstand in Anlehnung an den Terminus „Outward Bound“ die Bezeichnung „City Bound“. Im Gegensatz zur klassischen Erlebnispädagogik nutzte City Bound die Stadt anstelle der Natur und kombinierte dabei Aktivitäten in der (Groß-)Stadt mit herausfordernden Situationen und dem Lernen in der Gruppe. City Bound hatte sich schon bald als „Stadtvariante“ von Outward Bound etabliert und fand 1992 auch den Weg nach Deutschland (vgl. DEUBZER/FEIGE 2004, Seite 13).

Denn auch die Stadt erweist sich als hervorragende Lehrmeisterin. Ihr umfangreiches Verkehrsnetz, ihre unterschiedlichen Lebensräume, ihre Anonymität und Komplexität, ihre Geschäftsleute, Passanten und Touristen, ihre Bauwerke und Sehenswürdigkeiten, ihre kontrastreichen Lebensentwürfe, Kulturen und Wohnquartiere bieten mannigfaltige Lernmomente. All diese Facetten einer Großstadt gilt es im Rahmen von City-Bound-Programmen zu entdecken und zu nutzen.

City Bound schafft erfahrungsintensive und herausfordernde Situationen für eine Gruppe oder auch für Einzelne in der Stadt. Hierzu werden den Teilnehmern meist ungewöhnliche, alltagsfremde – und damit ein gewisses Maß an Mut erfordernde – Aufgaben gestellt, die sie alleine oder in der (Klein-)Gruppe lösen sollen.

1.1 Leitideen von City-Bound-Aufgaben

Wie sollte nun eine City-Bound-Aufgabe beschaffen sein, um den Teilnehmern zu möglichst intensiven Erfahrungen zu verhelfen? Grundsätzlich lassen sich einige Charaktereigenschaften beschreiben, die einen Beitrag zu einer gelingenden Aufgabe leisten. Crowther (vgl. CROWTHER 2005, Seiten 18–23) benennt hierzu die nachstehenden Leitideen.

City-Bound-Aufgaben ...
... ermöglichen Perspektivenwechsel
Unsere Konstruktion der Wirklichkeit sagt uns, was normal und unnormal ist, wie man sich richtig verhält, ab wann Verhaltensweisen peinlich werden und welche Menschen aufgrund ihres Aussehens, ihrer Herkunft, Lebens- oder Verhaltensweisen aus dem Rahmen fallen. Unsere Muster, Annahmen, Gewohnheiten und Rollenbilder steuern unser Verhalten und unser gesamtes Alltagshandeln. Es kehrt eine Routine ein, die man nur selten hinterfragt oder gar verändert. City-Bound-Aufgaben stellen die eigene Wirklichkeit und Alltagsroutine auf den Kopf und motivieren dazu, die eigene Welt aus einer neuen Perspektive zu betrachten. Durch neue Begegnungen oder durch eine andersartige Interaktion mit der eigentlich vertrauten Umgebung beginnen die Teilnehmer, das vermeintlich Normale zu hinterfragen. So entstehen Erfahrungen, die der Einzelne mit seiner Wirklichkeit in Einklang zu bringen versucht.

... stellen die Aktivitäten der Teilnehmer in den Vordergrund
Es liegt in der Hand der Teilnehmer, ob bzw. wie eine Aufgabe gelöst wird und wie das Ergebnis konkret aussieht. Die Teilnehmer müssen aktiv handeln, miteinander kommunizieren, sich abstimmen und austauschen, Lösungen finden, kreativ sein und ihre Fähigkeiten nutzen, um erfolgreich zu sein. In der Begegnung mit nicht eingeweihten Passanten, Geschäftsleuten und Bewohnern ernten sie unmittelbare, authentische Reaktionen. In der sozialen Begegnung erfahren sie ohne pädagogisches Zutun, wie sie auf andere Menschen wirken, und welche Verhaltensweisen und Strategien mehr und weniger zielführend sind.

... fordern die Teilnehmer heraus
Lernen vollzieht sich an Widerständen. City-Bound-Aufgaben sind oft ungewöhnlich, unbequem und vielleicht auch unangenehm. Viele Teilnehmer schrecken häufig erst mal zurück und reagieren mit Kommentaren wie: „Das mache ich auf keinen Fall!“ oder: „Das schaffe ich

nie!" Je fremder die Verhaltensweise ist, die eine Aufgabe dem Teilnehmer abverlangt, desto höher kann aber schließlich der Lerneffekt sein. Fremde Situationen fordern Teilnehmer heraus, Risiken einzugehen, sich Neues zuzutrauen und auf Fähigkeiten zurückzugreifen, derer sie sich nicht sicher oder kaum bewusst sind. City-Bound-Aufgaben ermöglichen demnach selbstbestimmtes Lernen. Es liegt in der Verantwortung der Teilnehmer, wie viel sie sich zutrauen und wie weit sie sich an ihre eigenen Grenzen heranwagen. Gleichzeitig ist es aber auch Sache der Leitung, Aufgaben auszuwählen, die für die Teilnehmer letztendlich machbar sind und ein gutes Mittelmaß aus Unter- und Überforderung darstellen. Das Ergebnis einer Aufgabe ist dabei im Grunde nicht allzu entscheidend – bedeutsamer sind der Weg zum Ziel und der innere Dialog, den jeder Teilnehmer mit seinem ängstlichen und seinem selbstbewussten Ich führt. Fragen wie: „Kann ich das schaffen?", „Wie muss das Ergebnis aussehen, damit ich zufrieden bin?", „Was, wenn ich mich blamiere?", „Was hindert mich, es einfach zu versuchen?", müssen im Laufe des inneren Dialoges austariert werden.

Schließlich eröffnen sich Räume für eine individuelle Persönlichkeitsentwicklung aus dem Verlauf dieses inneren Dialoges und der Konsequenz daraus für das eigene Handeln sowie für den finalen Verlauf der Aufgabe.

... werden ziel- und themenorientiert ausgewählt

Bei City Bound geht es nicht darum, Aufgaben nach ihrem Unterhaltungswert auszuwählen. Vielmehr soll das Aufgabenrepertoire auf die Themen und Ziele einer Gruppe oder Einzelner abgestimmt sein. Im Vorfeld gilt es nachzuspüren, wo genau sich rigide Verhaltensmuster oder eingefahrene Sichtweisen befinden, und mit welchen Aufgaben man einen entsprechenden Perspektivenwechsel anregen und gleichzeitig herausfordern kann. So ist es beispielsweise denkbar, dass eine Gruppe Konflikte stets nach einem bestimmten Muster löst: Das dominante und wortgewandte Gruppenmitglied gibt den Ton an und die anderen folgen. Was passiert nun, wenn ausgerechnet dieses Mitglied eine Aufgabe bekommt, in der es passiv und still sein muss und ganz auf die Unterstützung und Entscheidungskompetenz der anderen angewiesen ist? Was passiert, wenn es dem eigentlich so schüchternen Teilnehmer im Rahmen einer Einzelaufgabe gelingt, einen Apfel schließlich gegen eine Kinokarte einzutauschen, und er dafür Bewunderung seitens seiner Kollegen erntet? Was passiert, wenn ein vorurteilsbehafteter Jugendlicher herausgefordert wird, einen Abend mit einer Familie aus einem anderen Kulturkreis zu verbringen? Durch die zielgerichtete Auswahl der Aufgaben ergeben sich individuell passende Lernräume. Die Teilnehmer spüren, dass die Aufgabe etwas mit ihnen zu tun hat, und können sich dadurch in der Regel leichter auf die Situationen einlassen. Auch der Transfer in den Alltag der Teilnehmer gelingt durch die Ziel- und Themenorientierung schließlich leichter. Der Bezug zur „eigenen Welt" liegt oftmals auf der Hand und kann im Rahmen von Reflexion konkretisiert und verfestigt werden.

... werden durch Reflexion begleitet

Reflexion ermöglicht es den Teilnehmern, eigene Konsequenzen und Erkenntnisse aus ihrem Handeln zu ziehen. Im Verlauf der Reflexion arbeitet die Leitung gemeinsam mit ihnen heraus, wie die gesammelten Erfahrungen in den Alltag eingebunden und künftig genutzt werden können.

Im Vergleich zu anderen Formen der Gruppenarbeit ist die Leitung im Rahmen von City-Bound-Programmen bei der Umsetzung der Aufgaben oftmals nicht anwesend. Sie kann also dementsprechend nicht ihre eigenen Beobachtungen der Gruppenprozesse als Grundlage für die Reflexion nutzen. Vielmehr muss sie durch gezieltes Fragen nach Ablauf, Strategie und Ergebnis einer Aufgabe ein Bild des Geschehens durch die „Teilnehmerbrille" bekommen und dies als Basis für die Reflexionsarbeit nutzen (vgl. CROWTHER 2005, Seite 92). Die Reflexion fördert dabei nicht nur den Transfer in den Alltag, sondern gibt auch Auskunft darüber, ob der gewählte Grad der Herausforderung angemessen ist.

1.2 Lernen durch Herausforderung – das Lernzonenmodell

„Wenn du dich sicher fühlen willst, dann tu, was du schon immer konntest.

Aber wenn du wachsen willst, dann gehe bis zum äußersten Ende deiner Kompetenz."

(vgl. PROJEKT ADVENTURE 1995)

Mit City Bound werden Situationen inszeniert, die die Teilnehmer herausfordern und an eigene Grenzen führen. Diese Aufgaben sollen ganz neue Erfahrungen und schließlich individuelles Lernen ermöglichen. Im Folgenden möchten wir das „Lernzonenmodell" vorstellen, welches deutlich macht, wie sich das Lernen durch Herausforderung konkret vollzieht.

Das „Lernzonenmodell" teilt das menschliche Handeln und Verhalten in drei Zonen ein (vgl. SENNINGER 2010; Seite 26):

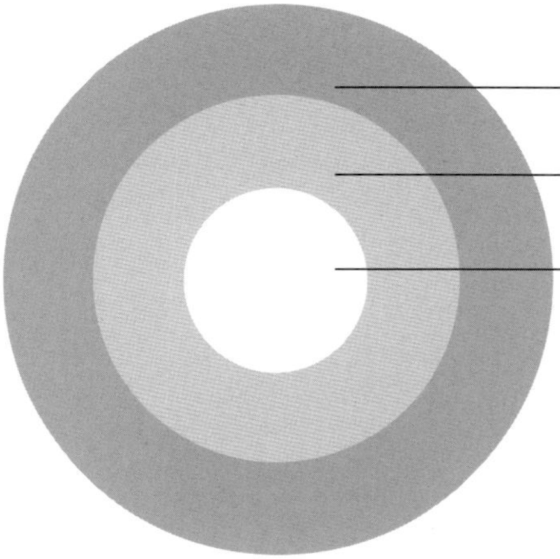

Komfortzone

In der Komfortzone befinden sich alle vertrauten Handlungen und Verhaltensweisen. Der Großteil unseres Alltags spielt sich in der Komfortzone ab. Wir nehmen morgens immer den gleichen Weg zur Arbeit, nutzen dabei die gewohnten Verkehrsmittel, umgeben uns so weit wie möglich mit vertrauten Personen.

Die Komfortzone verlangt uns Fähigkeiten ab, derer wir uns bewusst sind. Die hier geforderten Handlungen und Verhaltensweisen sind uns vertraut. In der Komfortzone bewegen wir uns selbstsicher und routiniert.

Lernzone

In der Lernzone befinden sich jene Handlungen und Verhaltensweisen, die wir als neu und ungewohnt erleben. In die Lernzone können wir dem entsprechend schon geraten, wenn morgens das Auto streikt und wir ausnahmsweise mit dem Zug zur Arbeit fahren müssen. Wann muss ich losfahren? Wo kaufe ich die Fahrkarte? Wie komme ich vom Bahnhof zur Arbeit? Wann und wo muss ich umsteigen?

Der Übergang von der Komfort- in die Lernzone macht sich bemerkbar durch Angst und Unsicherheit. Wir werden nervös, das Herz klopft schneller und die Hände beginnen zu schwitzen. Das vertraute Territorium zu verlassen, kostet Mut und Überwindung. Man muss sich auf eine neue Situation einlassen und sich mancher Fähigkeiten bedienen, derer man sich wenig oder gar nicht sicher ist.

Panikzone
In der Panikzone liegen Handlungen und Verhaltensweisen, die uns überfordern. In dieser Zone empfinden wir das Risiko und die Gefahr in einer Situation als zu groß und für uns nicht zu bewältigen. Panik macht sich breit und versetzt uns in eine Art Ohnmacht, in der wir förmlich handlungsunfähig werden. Lernen ist in der Panikzone nicht möglich. Das Agieren in dieser Zone führt lediglich zu Frust und Verärgerung.

City-Bound-Aufgaben haben zum Ziel, die Teilnehmer behutsam aus ihrer Komfortzone herauszuführen und ihnen das Eintauchen in die Lernzone zu ermöglichen. Dieser Übergang ist mit Widerständen verknüpft. Den Schritt in unbekanntes oder nur teilweise bekanntes Territorium zu wagen, fordert heraus und kostet Überwindung. Doch genau an dieser Stelle vollzieht sich Lernen.

In fremden Situationen nutzen die Teilnehmer ihre Kompetenzen, erweitern sie und erschließen sich neue hinzu. Sie machen neue Erfahrungen, binden diese in ihr Alltagshandeln ein und trauen sich sukzessive mehr zu, ganz nach dem Motto: „Es geht immer mehr, als du denkst!"

Im Laufe dieses Prozesses verschieben sich die Grenzen der einzelnen Zonen. Wird eine herausfordernde Aufgabe erfolgreich bewältigt, so rutschen die geforderten Handlungen und Verhaltensweisen anschließend in die Komfortzone. Sie fühlen sich nicht mehr fremd und unüberwindbar an, denn sie wurden als durchaus machbar erlebt. Die Komfortzone wird also größer und auch die Grenzen der Lern- und Panikzonen verschieben sich im Modell nach außen.

In welchen Situationen die Panikzone beginnt, ist individuell unterschiedlich. Daher folgen City-Bound-Programme dem Prinzip „Challenge by Choice". Das bedeutet, dass die Teilnehmer selbst entscheiden, wie weit sie an ihre Grenzen und vielleicht auch darüber hinaus gehen möchten.

Im Rahmen von City Bound sind alle Aufgaben als Lernangebot zu verstehen, das man annehmen, ablehnen oder für sich abwandeln darf. Diese Freiwilligkeit ist bedeutsam. Sie überträgt den Teilnehmern ein hohes Maß an Selbstbestimmung, aber auch an Selbstverantwortung. Kombiniert mit einer Leitung, die sensibel für Unter- und Überforderung ist und die Entscheidungen des Einzelnen akzeptiert, lässt sich dem Erreichen der Panikzone vorbeugen (vgl. SENNINGER 2010, Seiten 18–26).

1.3 Coaching – die Begleitung bei der Überwindung des „inneren Schweinehundes"

Bei der Umsetzung von City-Bound-Programmen mit Jugendlichen haben wir die Erfahrung gemacht, dass eine Begleitung beim Übergang von der Komfort- zur Lernzone wichtig ist. Im Zuge einer City-Bound-Woche mit einer Clique Jugendlicher merkten wir, dass es den Teilnehmern enorm schwerfiel, sich insbesondere auf Einzelaufgaben einzulassen. In Einzelgesprächen arbeiteten wir mit jedem Jugendlichen sorgfältig eine Aufgabe aus und holten uns sein Einverständnis dafür ein. Zudem gingen den Einzelaufgaben mehrere Groß- und Kleingruppenaufgaben voraus. Trotzdem taten sich die Jugendlichen schwer, ihren „inneren Schweinehund" zu überwinden. Wir schickten sie mit ihrer individuell passenden Aufgabenstellung in die Stadt und beobachteten aus der Ferne, dass sie rasch in ihre Komfortzone flüchteten. Sie suchten schnell wieder die Nähe der Kumpels, versuchten, die eigene Unsicherheit durch Blödeln zu überspielen und befassten sich entweder gar nicht mit ihrer Aufgabe oder machten es sich bei deren Bewältigung extrem leicht. Diese Situation war Anlass für ein Einzelcoaching, mit dem wir die Jugendlichen auf dem Weg in die Lernzone unterstützen wollten. Anstatt uns im Hintergrund zu halten, bauten wir mit jedem Einzelnen eine oder mehrere Zwischenreflexionen ein. Mittels Schlüsselfragen wie:

- „Was genau macht dich unsicher?",
- „Was kann passieren?",
- „Was hast du bisher versucht, um die Aufgabe zu lösen?",
- „Was brauchst du, um die Aufgabe lösen zu können?" oder auch:
- „Wie könnte man deine Aufgabe abwandeln, sodass du sie angehen kannst?",

beleuchteten wir den bisherigen Prozess und leisteten Motivationsarbeit. Die Teilnehmer wurden dadurch angeregt, über ihre Unsicherheit zu sprechen. Es wurde deutlich, wie groß die Hürde war, alleine auf fremde Menschen zuzugehen und sich deren Reaktionen und Rückmeldungen auszusetzen. Im Zuge des Coachings entwickelten wir gemeinsam mit den Teilnehmern Strategien, mit denen sie sich dann allmählich an ihre Aufgabe herantrauten. In Einzelfällen gestalteten wir die Aufgabe leichter und motivierten anschließend dazu, immer „eine Schippe draufzulegen" und sich im Grad der Herausforderung schrittweise zu steigern. Im Ergebnis nahmen sich alle Teilnehmer einer Aufgabe an und verzeichneten ihre persönlichen kleinen (und großen) Erfolge.

Diese Erfahrung hat gezeigt, dass nicht alle Aufgaben von einer eher passiven, im Hintergrund agierenden Leitung profitieren. Das oben genannte Beispiel verdeutlicht, dass manche Situationen eine offensive und präsente Leitung benötigen.

1.4 Das Stufenmodell

Dem Lernzonenmodell entsprechend ist es wichtig, City-Bound-Aktionen im Aufbau so zu gestalten, dass die Teilnehmer behutsam an ihre Grenzen herangeführt werden. Sind die Aufgaben zu Beginn zu schwierig gewählt, besteht die Gefahr, dass die Teilnehmer sich erst gar nicht darauf einlassen oder es zum Abbruch kommt, wenn sich Ängste einstellen. Um eine gute Lernatmosphäre zu schaffen, in der sich die Teilnehmer wohlfühlen, der Leitung vertrauen, den Sinn der Aufgaben verstehen und sich mit Lust und Neugier auf die Aktionen einlassen, bedarf es also zunächst einmal ausreichender Zeit für die Planung und die Startphase. Daneben kann die Leitung, indem sie beim Aufbau der Aktionen einige Faktoren beachtet, bereits in der Planungsphase sicherstellen, dass die Teilnehmer nicht überfordert werden.

Hierzu können die Aufgaben so gewählt werden, dass der Schwierigkeitsgrad über den Zeitraum der Veranstaltung stufenweise zunimmt und die Anforderungen kontinuierlich steigen. Die Teilnehmer haben so die Möglichkeit, sich langsam an den Charakter der City-Bound-Aktionen zu gewöhnen und gegebenenfalls schon erste motivierende Erfolgserlebnisse zu verzeichnen. Eine weitere Option, um den Teilnehmern in der ersten Phase Sicherheit zu vermitteln, ist das Arbeiten in großen Gruppen. Gerade Jugendliche bewegen sich oftmals lieber in einer Gruppe mit vertrauten Menschen. Hier kennen sie ihre Rolle und können die Verhaltensweisen der anderen abschätzen. Die Aufgabe gemeinsam zu lösen, erhöht den Spaßfaktor und bietet zudem die Möglichkeit, sich ganz nach Lust und Laune eher aktiv zu beteiligen oder im Hintergrund zu halten.

Demnach wäre es z. B. denkbar, eine City-Bound-Aktion mit einer „normalen" Stadtrallye zu beginnen. Fragen nach der Einwohnerzahl oder berühmten Bauwerken sind Jugendliche meist gewöhnt, die Hemmschwelle, hierzu Passanten anzusprechen, ist dementsprechend niedrig. Sind dann noch vertraute Personen in der Gruppe dabei, ist der Schwierigkeitsgrad sehr gering.

Um den Anspruch im weiteren Verlauf allmählich zu steigern, haben wir ein Stufenmodell entwickelt, nach dem der Schwierigkeitsgrad der City-Bound-Aufgaben nach und nach erhöht und die Gruppengröße bis hin zur einem Jugendlichen (mit einer Einzelaufgabe) verringert werden können.

Beispiel für einen Aufbau der City-Bound-Aktionen nach dem „Stufenmodell" (von Klein/Wustrau):

Steigender Schwierigkeitsgrad der City-Bound-Aufgaben

leicht → schwer

1. City-Bound-Aufgabe	2. City-Bound-Aufgabe	3. City-Bound-Aufgabe
Straßenkünstler	**Bilder nachstellen**	**Kartoffeltausch**
(siehe Seite 86)	(siehe Seite 41)	(siehe Seite 68)
Fünfergruppen	Zweiergruppen	eine Person

groß → klein

Verkleinerung der Gruppengröße

Ein weiterer Faktor, mit dem der Schwierigkeitsgrad beeinflusst werden kann, ist die Wahl des Zielortes. Je mehr sich der Zielort vom heimischen Raum der Teilnehmer unterscheidet, desto größer ist die Herausforderung, die bereits das neue Umfeld mit sich bringt. Hier sind im Vorfeld der Maßnahme viele Fragen zu beantworten: Ist den Jugendlichen die Stadt vertraut oder völlig unbekannt und demnach eine Neuorientierung notwendig? Ist die Stadt vergleichbar mit dem, was die Jugendlichen kennen (z. B. Kleinstadt) oder warten hier ganz neue Herausforderungen, die man gezielt einsetzen kann (z. B. Großstadt; U- und S-Bahn-Netze; fremde Sprache; regionale Besonderheiten, wie z. B. Industrie-, Haupt-, Hafenstadt)?

Nicht zuletzt kann die Präsenz der Leitung ebenfalls eine wichtige Rolle spielen. Neben der kontinuierlichen Erreichbarkeit sowie den regelmäßigen Treffen zur Reflexion kann es zu Beginn einer Aktion durchaus sinnvoll sein, den Teilnehmern anzubieten, in der Nähe zu bleiben, zu beobachten, im Bedarfsfall zu agieren oder sogar die Gruppe direkt zu begleiten. Flexibilität und Einfühlungsvermögen sind hier wichtige Anforderungen an die Leitung.

1.5 Das pädagogische Potenzial von City-Bound-Programmen

Selbstbewusst auf fremde Menschen zuzugehen, sich auf neue Situationen einzulassen, gemeinsam mit anderen Ideen zu entwickeln und Arbeitsprozesse zu gestalten, zu diskutieren, Kritik anzunehmen und nicht zuletzt andere von sich selbst zu überzeugen – all das sind

Kompetenzen, die heutzutage von Jugendlichen gefordert werden. Spätestens an der Schwelle zwischen Schule und Beruf spielen die sogenannten Schlüsselqualifikationen eine bedeutende Rolle. City Bound stärkt und fördert jene Schlüsselkompetenzen. Die Reflexion verdeutlicht ihre Relevanz im Alltag, in Bewerbungsverfahren oder im Berufsleben. Verpackt in Spiel, Spaß und Abenteuer, verfügen City-Bound-Programme über ein großes pädagogisches Potenzial.

Orientierung

Im Zeitalter von Google Maps, Smartphones und Navigationssystemen ist es keine Selbstverständlichkeit mehr, dass Menschen anhand ihres Orientierungssinnes versuchen, von A nach B zu gelangen. Gerade in einer fremden Stadt stellt die Orientierung eine große Herausforderung dar. Ein fremdes Verkehrsnetz, unbekannte Ortsbezeichnungen und fehlende vertraute Orientierungspunkte sind die ersten Hürden, die es zu überwinden gilt – und gleichzeitig sind sie die Basis für neue Lernprozesse.

Teamfähigkeit

Viele City-Bound-Aufgaben werden in kleinen oder größeren Gruppen durchgeführt. Die Teilnehmer erleben sich somit in einem Gruppenprozess, der in der nachfolgenden Reflexion wichtige Erkenntnisse über die eigene Rolle liefern kann. Teamfähigkeit als Schlüsselkompetenz hat in vielen Bereichen einen hohen Stellenwert. Die Zugehörigkeit zu Gruppen ist im Kindesalter, in der Schule und im Berufsleben fester Bestandteil unserer Gesellschaft. Themen wie die eigene Rolle, das gemeinsame Erarbeiten von Problemlösungsstrategien oder der Umgang mit Konflikten in Gruppen stehen daher im Vordergrund von erlebnisorientierten Gruppenaktivitäten. In der Reflexion wird der Transfer des Erlernten in die alltäglichen Gruppenzusammenhänge der Teilnehmer – wie Schule, Verein, Arbeitsteam etc. – sichergestellt.

Selbst- und Fremdwahrnehmung

Jede Begegnung gibt uns Auskunft darüber, wie wir auf andere Menschen wirken. Diese Prozesse laufen jedoch meist im Unterbewusstsein ab und werden daher nur selten reflektiert. City-Bound-Aktionen ermöglichen ein bewusstes Erleben der eigenen Wirkung auf andere und damit die Chance, auch die Selbstwahrnehmung zu hinterfragen und gegebenenfalls zu verändern.

Kommunikationskompetenz

Ob beim Vorstellungsgespräch, im Streit mit den Geschwistern oder in der Schule – rhetorische und kommunikative Kompetenzen sind von enormer Bedeutung im Alltag. Viele City-Bound-Aufgaben erfordern ein hohes Maß an Kommunikation, angefangen von Absprachen in der Gruppe bis hin zum Überzeugen fremder Menschen von einem ungewöhnlichen Projekt. Die Teilnehmer müssen sich Argumente ausdenken, mit denen sie der Skepsis von Passanten oder Geschäftsleuten begegnen. Sie brauchen Geschichten, mit denen sie diese schließlich für ihre Sache begeistern können. City Bound schult die Fähigkeit, sich klar auszudrücken, die eigene Meinung zu äußern und andere mittels Argumenten zu überzeugen.

Problemlösungskompetenz

City Bound inszeniert Aufgaben, deren Lösungen nicht definiert sind. Wie das Ergebnis konkret aussieht, welcher Weg zum Ziel gewählt wird und wann eine Aufgabe als erfolgreich gelöst gilt, liegt in der Hand der Teilnehmer. City Bound fördert einen kreativen Umgang mit schwierigen Situationen. Die Teilnehmer probieren verschiedene Lösungsstrategien aus und erfahren dabei unmittelbare Reaktionen aus ihrem Umfeld. Sie erleben die Wirksamkeit ihrer Lösungsmuster sofort und merken, welche sich als effektiv erweisen und welche weniger erfolgreich sind. Mit der so erlernten Problemlösungskompetenz lassen sich schließlich auch die „echten" Schwierigkeiten im Alltag besser bewältigen.

Selbstwirksamkeit

Im Rahmen von City-Bound-Programmen erfahren die Teilnehmer, dass sie aktiv Einfluss auf ihr Umfeld nehmen können. Die Teilnehmer experimentieren mit Verhaltensweisen, Rollen und Problemlösungsstrategien. Sie erfahren auf diese Weise, dass ihre Fähigkeiten und Handlungsoptionen vielfältiger sind, als es ihnen im Alltag bewusst ist. Das Erlebnis, durch eigene Anstrengung eine Aufgabe zu bewältigen, stärkt den Glauben an die eigenen Fähigkeiten sowie das Zutrauen, auch in Zukunft schwierige Situationen gut meistern zu können. Der Zuspruch anderer Teilnehmer oder auch das Beobachten anderer kann dabei zur Förderung der Selbstwirksamkeit beitragen.

Frustrationstoleranz

Häufig müssen wir bestimmte Lebensphasen durchstehen, uns durchbeißen oder belastende Situationen aushalten, bis ein gewünschtes Ergebnis erreicht ist. City Bound ermöglicht einen spielerischen Zugang zum eigenen Umgang mit Frustration und Misserfolg und reflektiert diesen. So verorten sich die Teilnehmer im Spannungsfeld zwischen Ärger, Entmutigung und Aufgabe auf der einen Seite und Ansporn, Optimismus und Stolz auf der anderen Seite. Insbesondere durch den Austausch in der Gruppe wird der eigene Umgang mit Frust hinterfragt und gegebenenfalls variiert.

1.6 Anforderungen an die Leitung

Sicherlich gibt es auch in City-Bound-Programmen keine Erfolgsgarantie. Zu viele Faktoren sind gruppen- und situationsabhängig und nicht alles kann im Vorfeld geplant werden. Eine professionelle Auseinandersetzung mit den folgenden Anforderungen an die Leitung leistet jedoch einen bedeutsamen Beitrag zur gelingenden Umsetzung der Aktionen mit der Zielgruppe.

Eigene Haltung reflektieren
Viele City-Bound-Aktivitäten lassen, parallel zum Junggesellenabschied, bei den Teilnehmern das Gefühl entstehen, sich „zum Affen" zu machen. Eine exponierte Stellung in der Fußgängerzone, eine Aufgabe, die die Blicke der Passanten auf sich zieht und zu Reaktionen herausfordert, bis hin zu einer für die übrigen Gruppenmitglieder neuen Rolle mitsamt der dazugehörigen Bewertung: Viele Aktionen erfordern neben der Lust, sich darauf einzulassen, schlichtweg eine gehörige Portion Mut. Es muss der Leitung daher stets bewusst sein, dass neben dem Spaß- und Abenteuerfaktor die Wertschätzung der Teilnehmer und ihrer Gefühle an erster Stelle zu stehen hat. Gerade im Bereich des sozialen Lernens ist es für die Teilnehmer wichtig, die Leitung als verbindlich, vertrauenswürdig und wertschätzend zu erleben. Die Auseinandersetzung mit den eigenen Unsicherheiten und Ängsten erleichtert es sicher, die Teilnehmer im Rahmen der Aufgaben ernst zu nehmen und den Lernprozess professionell zu begleiten. Absolut notwendig ist es in diesem Zusammenhang für die Leitung, einzelne Aufgaben selbst aus der Teilnehmerperspektive zu bewältigen und die dazu gehörenden Prozesse zu reflektieren.

Eigene Orientierung / Planung / Vorbereitung
Allein aus Sicherheitsaspekten ist es dringend notwendig, dass die Leitung in der Lage ist, sich selbst im Aktionsradius sicher zu bewegen. Daher ist es unbedingt erforderlich, das Gebiet, in dem die Aktionen stattfinden sollen, vorher auszukundschaften. Die gängigen Verkehrsmittel sollten vertraut sein, Fahrpläne und weitere Informationen ausgedruckt und vorab studiert werden. Neben der Sicherheit hängt die Durchführung und Machbarkeit vieler Aufgaben von der genauen Vorbereitung ab. Die beste Motivationsarbeit führt letzten Endes zu nichts, wenn die Teilnehmer die Aktion abbrechen müssen,

weil sie nicht sorgsam genug vorbereitet wurde. Da die Stadt einem ständigen Wandel unterliegt (Fahrpläne ändern sich, Straßen können gesperrt werden, Geschäfte wechseln ihre Standorte und so weiter), ist eine zeitnahe Erkundung vor Ort unerlässlich. Ebenso wichtig sind die Vollständigkeit der Materialien und die Einhaltung der Sicherheitshinweise und Absprachen (siehe Checkliste, Seite 34).

Freiwilligkeit / Einverständnis einholen / Aufgaben gemeinsam mit Teilnehmern erarbeiten

Die Durchführung aller Aufgaben geschieht auf freiwilliger Basis. Niemand wird gezwungen, eine ihm unangenehme Aktion durchzuführen. Hier ergibt sich eine pädagogische Herausforderung: Einerseits sollen die Aufgaben durchgeführt werden, um die gewünschten Lerneffekte zu erzielen. Andererseits entsteht für die Teilnehmer immer wieder genügend Freiraum, um sich zu entziehen, sei es durch Ablehnung der Aufgabe, durch Veränderung der Anforderungen mittels Herabsenkens des Schwierigkeitsgrades, durch Nichtbeteiligung bei Gruppenaufgaben oder indem die Zeit, die für die Lösung der Aufgabe gedacht ist, mit Freizeitaktivitäten gefüllt wird. Die Leitung hat hier nur wenig Kontrolle. Daher muss oftmals bereits im Vorfeld eine erhebliche Motivationsarbeit geleistet werden. Der Sinn und Zweck der Aufgaben sollte klar sein und die Aufgaben selbst sollten so präsentiert werden, dass die Teilnehmer Lust darauf bekommen. Gleichzeitig benötigt die Leitung Sensibilität für Über- bzw. Unterforderung der Teilnehmer bei den Aufgaben. Hierzu ist es von Vorteil, die Teilnehmer schon im Vorfeld zu kennen, beziehungsweise ihnen bekannte Betreuungspersonen (wie z. B. Lehrer) in die Erstellung der Aufgaben mit einzubeziehen. Die Aufgaben können auch gemeinsam mit den Teilnehmern erarbeitet werden. Der Reiz hierbei ist, dass der Schwierigkeitsgrad gemeinsam ausgelotet werden kann. Nachteilig ist jedoch, dass der Überraschungseffekt in diesem Fall wegfällt. Voraussetzung für das Gelingen ist weiterhin das Einverständnis der Teilnehmer zur Durchführung der Aufgabe. Haben alle begriffen, um was es geht? Lassen sich alle Beteiligten darauf ein? Die innere Bereitschaft, eine Aufgabe anzugehen, erhöht die Wahrscheinlichkeit einer erfolgreichen Durchführung.

Flexibilität und Methodensicherheit

Nur wenig ist im Ablauf von City-Bound-Aktionen im Voraus planbar. Einige Unwägbarkeiten bringt der Ansatz von sich aus mit: Wie schnell schaffen es die Teilnehmer, die Aufgabe zu bewältigen? Wie sind die Reaktionen der Menschen, die während der Lösungsphasen angesprochen werden? Ist es für die Teilnehmer eventuell sinnvoll, den zeitlichen Rahmen zu überschreiten, beispielsweise, weil sich ein Gespräch als besonders spannend herausstellt, die Aufgaben eine Eigendynamik entwickeln oder spontan neue Herausforderungen entstehen? Es kann aber auch sein, dass die gestellte Aufgabe viel zu einfach oder zu schwer ist, was entweder zu Langeweile oder zu Frust führt. Weiterhin kann es bei City Bound immer und überall zu unvorhersehbaren Einflüssen von außen kommen. Ein Bus kommt zu spät, Teilnehmer erscheinen nicht rechtzeitig am Treffpunkt, es beginnt, heftig zu regnen oder eine Gruppe besteht darauf, eine nicht gelöste Aufgabe erneut versuchen zu dürfen. Für die Leitung ist es daher wichtig, neben der gebotenen Sensibilität für die Prozesse, die die Teilnehmer durchlaufen, auch ein Höchstmaß an Spontaneität und Flexibilität an den Tag zu legen. Eine eigene Auseinandersetzung mit den Aufgaben und Beweglichkeit bei der Frage, wie man diese gegebenenfalls kreativ auf die Bedürfnisse der Teilnehmer abwandeln kann, ist hier in jedem Falle hilfreich.

Exkurs: Peter und das Eis

„Findet einen euch unbekannten Erwachsenen, dem ihr ein Eis spendieren dürft!", höre ich Christian sagen. „Diesmal müsst ihr eure Aufgabe alleine bewältigen", sagt Tanja und drückt uns jeweils zwei Euro in die Hand. „Ihr habt eine Stunde Zeit, wenn ihr uns braucht, findet ihr uns im Café dort drüben." Die Betreuer drehen sich um und gehen Richtung Café. Meine Jungs und ich bleiben etwas verdutzt zurück und schauen uns an. „Was?", „Ich frag doch nicht irgend'nen Fremden, ob er mit mir ein Eis essen will!", „Auf keinen Fall!", klingt es aus der Gruppe. Wir sind echt abgenervt und fluchen vor uns hin. Was soll das Ganze?

Es vergehen bestimmt zehn Minuten, in denen wir dastehen und warten. Tanja und Christian schauen uns aus der Ferne zu. „Wollen wir jetzt ne Stunde hier rumstehen?", fragt Anton, „das ist doch auch scheiße." „Ich quatsch' jetzt einfach einen an", sagt Patrick nach einer Weile und zieht mit seinem 2-Euro-Stück los. „Warte, ich komm' mit", ruft Anton und folgt ihm. „Die machen das doch nicht echt, oder?", frage ich in die Runde.

Wir beobachten, wie Anton und Patrick ein paar Leute ansprechen. Nach einer Weile findet Patrick wirklich einen Typen, mit dem er zur Eisdiele geht. Auch Anton ist gerade mit einer älteren Dame im Gespräch. Basti und Olli ziehen auch los, wenig später macht sich auch Kai auf den Weg. Jetzt sind nur noch Dimi und ich übrig. Wir fluchen weiter vor uns hin. Alex kommt wieder und berichtet uns von seiner Begegnung: „Der Typ war voll korrekt", sagt er, „der hat sich irgendwie voll gefreut und gesagt, so was wäre ihm noch nie passiert."

Allmählich kommen auch die anderen Jungs wieder. Tatsächlich haben alle jemanden angequatscht und erzählen von überraschten Passanten und witzigen Gesprächen. „Was ist mit euch, Mann?", fragt Basti. So kommt es, dass auch ich losgehe, mein 2-Euro-Stück in der Hand und so gar keinen Bock auf das Ganze. Ich will am Ende aber nicht der Einzige sein, der nichts gemacht hat, ist ja auch scheiße.

Ich laufe durch die Fußgängerzone und merke, wie mir die anderen nachsehen. Ich betrachte die Leute. Mein Herz klopft und meine Hände sind klatschnass. Was werden die denken? Ich weiß auch gar nicht, was ich sagen soll. „Entschuldigen Sie, möchten Sie vielleicht mit mir ein Eis essen?" Nee, das geht gar nicht. Viele wirken so, als hätten sie es eilig. Andere sind in Gespräche vertieft. Ich merke, dass mich die Jungs noch immer beobachten. Scheiße, Mann ...

Ich sehe einen älteren Mann, der vor einem Schaufenster steht. Ich gehe langsam auf ihn zu. Im Kopf baue ich alle möglichen Sätze. „Darf ich Ihnen vielleicht ein Eis ausgeben?" Nein, das ist nichts. „Ich habe eine Aufgabe bekommen und soll Ihnen heute ein Eis ausgeben." Nein, das geht auch nicht. Nur noch wenige Schritte trennen mich von dem Mann. Ich bin total aufgeregt und glaube, kein Wort rauszukriegen. Plötzlich dreht sich der Mann um und läuft weiter. Scheiße! Scheiße!

Ich nehme mir vor, noch einen letzten Versuch zu starten. Am Marktplatz sehe ich einen Punk, der mit seinem Hund auf dem Boden sitzt und Leute anschnorrt. Zumindest läuft der nicht weg, denke ich. Aber ich frag' doch nicht so einen Typen, ob ich ihm ein Eis kaufen darf. Der ist bestimmt besoffen und macht mich dumm an. Ich überlege noch eine Weile, dann gehe ich langsam auf den Mann zu. Jetzt nicht lange fackeln, rede ich mir zu. Mein Herz klopft wie wild. Ich beuge mich zu dem Typ runter und sage: „Tschuldigung, ähm, darf ich dir vielleicht ein Eis ausgeben?" Der Mann mit den bunten Haaren und dem gepiercten Gesicht schaut mich erstaunt an. In der kurzen Schweigepause möchte ich im Boden versinken. Der Typ fängt an zu grinsen: „Korrekt, Mann – da sag ich doch nicht Nein."

Wir stellen uns einander vor und gehen gemeinsam zur Eisdiele. Auf dem Weg erzähle ich Peter von unserem Seminar und meiner heutigen Aufgabe. Peter findet' s cool und will mehr über mich und unsere Woche in Wiesbaden wissen. Wir kaufen uns zwei Eis und setzen uns an Peters Stammplatz neben dem Stadtbrunnen. Entgegen meiner Erwartung wirkt Peter gar nicht betrunken und im Laufe des Gesprächs scheinen meine Vorurteile immer weniger zu passen. Peter ist irgendwie voll intelligent und hat viel zu erzählen. In acht verschiedenen Sprachen kann er fragen: „Hast du vielleicht ein bisschen Kleingeld für mich?" Das finde ich cool. Ich selbst stamme aus Georgien und so bringe ich Peter den Satz noch in meiner Muttersprache bei. Als ich schließlich los muss, bedankt sich Peter überschwänglich und lädt mich ein, wiederzukommen, wenn ich Zeit habe. Ich schaue auf die Uhr und glaube kaum, dass ich mehr als eine dreiviertel Stunde mit Peter verbracht habe. Ich gehe zurück zur Gruppe und ich fühle mich irgendwie gut.

2 Die Vorbereitung von City-Bound-Programmen

Rezept
Man nehme eine Prise Sorgfalt für die Vorbereitung, mische sie mit ausgewählten Aufgaben und Reflexionsmethoden, gebe eine ordentliche Portion Spaß und Improvisation hinzu und knete alles so lange durch, bis eine solide Masse entsteht. Das Ganze eine Weile gehen lassen und fertig ist ein nachhaltiges City-Bound-Konzept.

Der folgende Teil widmet sich der Konzeption von City-Bound-Programmen. Was oben augenzwinkernd als Rezept gelistet wurde, ist in der Praxis natürlich mit verschiedenen Arbeitsschritten verbunden, die jeweils sorgfältig und mit Blick auf die eigene Zielgruppe getätigt werden sollten. Herzstück unseres Praxisteils ist die umfangreiche Sammlung an City-Bound-Aufgaben, die Impulse für die eigene Konzeptgestaltung geben soll (vgl. Kapitel 3.2). Zuvor sorgen die Beachtung einiger Sicherheitsaspekte sowie eine Checkliste dafür, dass bei der Vorbereitung von Programmen so schnell nichts Wichtiges in Vergessenheit gerät.

2.1 Safety first! – Sicherheitsaspekte

Im Grunde genommen gelten für City-Bound-Aktionen die gleichen Sicherheitshinweise wie für andere freizeit- und erlebnispädagogische Veranstaltungen auch. Das Erfahrungsfeld „Stadt" und die Besonderheit, dass viele Aufgaben von den Teilnehmern alleine, also ohne Begleitung, bewältigt werden müssen, erfordern aber einen umsichtigen und vorausschauenden Blick bezüglich der rechtlichen Rahmenbedingungen und der Sicherheitsaspekte. Es ist unbedingt notwendig, dass das Leitungsteam oder zumindest Teile davon entsprechend qualifiziert sind oder über spezielle Schulungen, zum Beispiel im Rahmen der Jugendleitercard (Juleica), verfügen.

Elementar für die Durchführung ist eine Haft- und Unfallversicherung der Teilnehmer. In der Regel sind Kinder und Jugendliche über den Veranstalter (z. B. Schule oder Jugendhaus) haft- und unfallversichert, wir empfehlen aber, sich dies vor der Veranstaltung nochmals bestätigen zu lassen. Ohne entsprechende Absicherung raten wir dringend von der Durchführung von City-Bound-Aktionen ab. Es gibt einige Versicherungsgesellschaften, die spezielle Versicherungspakete für Jugendgruppen anbieten.

Die folgenden Sicherheitshinweise dienen einer ersten Orientierung bei der Planung und Durchführung von City-Bound-Aktionen, zur weiteren Auseinandersetzung empfehlen wir die auf Seite 163 aufgeführte weiterführende Literatur.

Aufsichtspflicht
Sind minderjährige Teilnehmer an den Aktionen beteiligt, obliegt den Betreuern die Aufsichtspflicht. Diese ist im Bürgerlichen Gesetzbuch (BGB) wie folgt geregelt:

(1) Wer Kraft Gesetzes zur Führung der Aufsicht über eine Person verpflichtet ist, die wegen Minderjährigkeit oder wegen ihres geistigen oder körperlichen Zustands der Beaufsichtigung bedarf, ist zum Ersatz des Schadens verpflichtet, den diese Person einem Dritten widerrechtlich zufügt. Die Ersatzpflicht tritt nicht ein, wenn er seiner Aufsichtspflicht genügt oder wenn der Schaden auch bei gehöriger Aufsichtsführung entstanden sein würde.

(2) Die gleiche Verantwortlichkeit trifft denjenigen, welcher die Führung der Aufsicht durch Vertrag übernimmt. (§ 832 BGB)

Zur Haftung heißt es im BGB weiter:

(1) Wer vorsätzlich oder fahrlässig das Leben, den Körper, die Gesundheit, die Freiheit, das Eigentum oder ein sonstiges Recht eines anderen widerrechtlich verletzt, ist dem anderen zum Ersatz des daraus entstehenden Schadens verpflichtet.

(2) Die gleiche Verpflichtung trifft denjenigen, welcher gegen ein den Schutz eines anderen bezweckendes Gesetz verstößt. Ist nach dem Inhalt des Gesetzes ein Verstoß gegen dieses auch ohne Verschulden möglich, so tritt die Ersatzpflicht nur im Falle des Verschuldens ein. (§ 823 BGB)

In der Beurteilung der Aufsichtspflicht geht es immer um die ganz konkrete Situation. Kann ich (= ein bestimmter Betreuer) es den Teilnehmern (= einer festgelegten Gruppe von Jugendlichen) zumuten, die gestellte Aufgabe (= eine festgelegte Aktion innerhalb einer festgelegten Zeit) sicher zu bewältigen? Die Spielleitung ist gefordert, diese Fragestellung immer wieder zu überprüfen.

Ziel von City Bound ist es ja gerade, einen Rahmen für Lern- und Entwicklungsmöglichkeiten zu schaffen, innerhalb dessen sich die Teilnehmer selbstständig und verantwortungsvoll auch in unsicheren oder gar risikobehafteten Situationen ausprobieren sollen.

Achtung: Bei Teilnehmern unter 14 Jahren empfehlen wir generell eine Begleitung der Gruppen. Auch Einzelaufgaben sollten von Aufsichtspersonen begleitet werden. Dies ist insbesondere wichtig für Veranstaltungen, die nicht im unmittelbaren Umfeld der Jugendlichen, zum Beispiel in ihrem eigenen Stadtteil, stattfinden!

Zur Erfüllung der Aufsichtspflicht gilt es, verschiedene Schritte zu beachten

1. Informieren
   Die Teilnehmer werden über mögliche Gefahren und entsprechende Verhaltensregeln informiert. Regeln und Anweisungen werden klar und verständlich formuliert. Die Leitung stellt sicher, dass alle die Informationen verstanden haben. Bei City-Bound-Aktionen gehören an diese Stelle insbesondere Hinweise zum Verhalten in der Stadt und im Straßenverkehr, das Sicherstellen der Erreichbarkeit der Teilnehmer und der Teamer, klare Absprachen zum Spielgebiet, zum Spielzeitraum und zu Treffpunkten sowie zum Verhalten in der Gruppe, besonders bei möglichen Gefahrensituationen.
2. Kontrollieren
   Ein besonders kritischer Punkt bei City Bound ist die Pflicht zur Überwachung der verabredeten Regeln und Absprachen. Da die Teilnehmer oftmals alleine unterwegs sind, ist die Einschätzung der aufsichtspflichtigen Personen, ob den Teilnehmenden die Aktion zugemutet werden kann und ob die Sicherheitshinweise von allen verstanden wurden, umso wichtiger. Wir empfehlen, die Teilnehmer vor der Durchführung kennenzulernen bzw. die Veranstaltung mit gemeinsamen Aktionen zu beginnen, um einen Eindruck von der Gruppe zu bekommen. Niedrigschwellige Einstiegsaktionen in einem begrenzten Spielgebiet eignen sich, um herauszufinden, ob sich die Teilnehmer an Absprachen halten. Eine durchgehende Überwachung der Teilnehmer ist nicht erforderlich. Für die Einschätzung spielt auch die Wahl der Aufgaben eine Rolle.
   Je höher das Risikopotenzial einer Aufgabe ist, desto mehr ist die Leitung gefordert, das Verständnis der Regeln und ihre Einhaltung sicherzustellen. Sind die Teilnehmer aufgrund ihres Verhaltens oder aufgrund ihres Alters- und Reifegrades nach Ansicht der Leitung nicht in der Lage, sich ohne Betreuung durch die Stadt zu bewegen, ist eine Begleitung der Gruppen erforderlich. Ein Begleiter kann zum Beispiel mit der Gruppe losziehen (allerdings, ohne an den Lösungsstrategien der Teilnehmer mitzuwirken) oder sich in einigem Abstand in Sicht- und Rufweite aufhalten.
3. Eingreifen
   Tritt eine für die Teilnehmer oder auch für Dritte gefährliche Situation ein oder gibt es Hinweise darauf, dass es hierzu kommen könnte, ist die Aufsichtsperson zum sofortigen Eingreifen verpflichtet.

Unter Eingreifen fällt auch die Option, den Teilnehmern andere, ungefährliche Lösungswege aufzuzeigen. Der Eingriff muss allerdings immer das Ziel verfolgen, eine mögliche Gefährdung abzuwenden. Dies kann über klare Anweisungen oder Verbote, aber auch über den Abbruch der Aktion erfolgen.
Bei eingehender Betrachtung wird klar, dass sich pädagogische und rechtliche Aspekte nicht gegenseitig ausschließen, ganz im Gegenteil: „Maßgeblich ist die Frage: Wie hätte sich ein verantwortungsbewusster Leiter nach vernünftigen Anforderungen verhalten?" (DEUBZER / FEIGE 2004, Seite 35).

Eine Hilfestellung für die Vorbereitung von City-Bound-Aktionen ist die Checkliste im folgenden Kapitel 2.2. Wir empfehlen außerdem vor der Durchführung der ersten Aktionen die Lektüre der beiden folgenden Titel: SCHILLING 2010 und DEUBZER / FEIGE 2004 sowie der Internetquellen 3 und 4 (siehe Literatur- und Internetquellenverzeichnis, Seite 163).

Verkehrssicherheit
Was eigentlich selbstverständlich sein sollte, kann in der Dynamik von Gruppen oder angesichts spannungsgeladener Aktionen mit Verfolgungscharakter wie „Mr. X" schnell untergehen: Verkehrsregeln sind einzuhalten! Wir haben außerdem die Erfahrung gemacht, dass Teilnehmer aus dem ländlichen Raum angesichts der Größe der Stadt auch mal den Überblick verlieren oder sich der möglichen Gefahren gar nicht bewusst sind, zum Beispiel bei der Einschätzung, wie gefährlich es ist, in einer verkehrsreichen Innenstadt trotz einer Rotphase der Fußgängerampel die Straße zu überqueren. Es ist unerlässlich, den Teilnehmern die wesentlichen Aspekte vor der Aktion in Erinnerung zu rufen! Rolltreppen, U-Bahn-Gleise, Bushaltestellen etc. sind, trotz aller Verlockungen, keine Spielplätze. Zur Sicherheit gehört natürlich auch, dass alle Teilnehmer über eine gültige Fahrkarte verfügen, sofern öffentliche Verkehrsmittel benutzt werden müssen.

Genehmigungen und Information von Ämtern und Behörden
Bei einer Recherche für eine Straßenmusikaktion haben wir von drei unterschiedlichen Städten drei verschiedene Antworten auf unsere Fragen bezüglich einer Genehmigung erhalten. In einer Stadt durfte man für 30 Minuten unverstärkt musizieren, musste dann aber den Platz wechseln. In einer zweiten Stadt brauchte man eine generelle, kostenpflichtige Genehmigung des Ordnungsamtes, in der dritten schließlich wurde uns gesagt, man müsse sich mit einem Demoband und Angaben zum Zeitraum der Aufführung bewerben, man bekomme dann einen Ort zugeteilt.

Dieses kleine Beispiel verdeutlicht, warum eine gründliche Planung von City-Bound-Aktionen notwendig ist, möchte man ihren Erfolg nicht dadurch riskieren, dass Ämter, Behörden, Ordnungs- oder Sicherheitskräfte die Aktion zum Abbruch bringen. Aus unserer Sicht ist es sinnvoll, die geplanten City-Bound-Aufgaben ganz konkret hinsichtlich dieser Aspekte zu überprüfen.

So sollte eine im Rahmen von City Bound organisierte Demonstration unbedingt mit dem Ordnungsamt und der Polizei abgeklärt werden. Diese Empfehlung gilt für alle Aktivitäten, die mit dem Aufbau von Tischen oder Stellwänden, dem Auflauf größerer Menschenmengen oder auch mit einem erhöhten Gefahrenpotenzial der Aufgaben einhergehen. Denkbar sind auch direkte Kooperationen mit Einrichtungen, z. B. mit der Feuerwehr bei der Aufgabe, eine Lichterkette über eine Brücke zu bilden.

2.2 Bevor es losgeht: die City-Bound-Checkliste

Das Gelingen von City-Bound-Aktionen hängt von ihrer exakten Planung und Vorbereitung ab. Die Liste auf der folgenden Seite wird Sie dabei unterstützen:

City-Bound-Checkliste (siehe auch Download-Material)

- ☐ Aufgaben auswählen, die an den Zielen und Themen der Gruppe ausgerichtet sind;
- ☐ die eigene Orientierung in der Stadt sicherstellen;
- ☐ je nach Programmplanung im Vorfeld eine Ortsbegehung durchführen;
- ☐ Reflexionsmethoden aussuchen (eine Reflexion unmittelbar nach der Aktion sowie eine intensive Reflexion im Seminarraum einplanen);
- ☐ geeignete Orte für Kurzreflexionen in der Stadt auswählen;
- ☐ geeignete Treffpunkte bestimmen;
- ☐ zusätzliche Aufgaben als Lückenfüller vorbereiten (falls freie Zeitfenster entstehen);
- ☐ entscheiden, was bei Regen passieren soll: entweder alternative Orte für die Aktionen festlegen, z. B. Bahnhofshallen oder Einkaufszentren, oder ein alternatives Programm planen;
- ☐ die Einverständniserklärung der Erziehungsberechtigten inklusive der Zustimmung einholen, dass sich die Teilnehmer im Rahmen einzelner Aufgaben in Kleingruppen bzw. allein in der Stadt bewegen dürfen (siehe Kapitel 2.1);
- ☐ Stadtpläne besorgen;
- ☐ einen Überblick über öffentliche Verkehrsmittel verschaffen:
  - Welche Verkehrsmittel gibt es in der Stadt?
  - Welche Nutzungsmöglichkeiten gibt es für Gruppen / Kleingruppen?
  - Wie sind die Preise? Wo kauft man die Fahrkarten?
  - Eventuell im Vorfeld Tickets besorgen;
- ☐ eine Handyliste erstellen und sicherstellen, dass alle Teilnehmer die Handynummer der Leitung haben und dass der Leitung die Nummern aller Teilnehmer vorliegen;
- ☐ die Sicherheit der Teilnehmer gewährleisten:
  - Sind die Aufgaben für die Zielgruppe angemessen?
  - Haben alle Teilnehmer Treffpunkt und Zeitpunkt mitbekommen?
  - Sind alle Teilnehmer erreichbar?
  - Bestehen die nötigen Grundkenntnisse über die Nutzung öffentlicher Verkehrsmittel?
- ☐ den Teilnehmern (je nach Alter) eine Notfallkarte mit wichtigen Telefonnummern und der Adresse der Unterkunft aushändigen;
- ☐ gemeinsam mit den Teilnehmern (je nach Alter) das Unfallverhalten durchsprechen:
  - „Dreierregel": Wenn sich ein Teilnehmer verletzt, bleibt ein Zweiter beim Verletzten und ein Dritter kümmert sich um Hilfe.
  - Umgehend die Leitung informieren!

3 City-Bound-Aufgaben

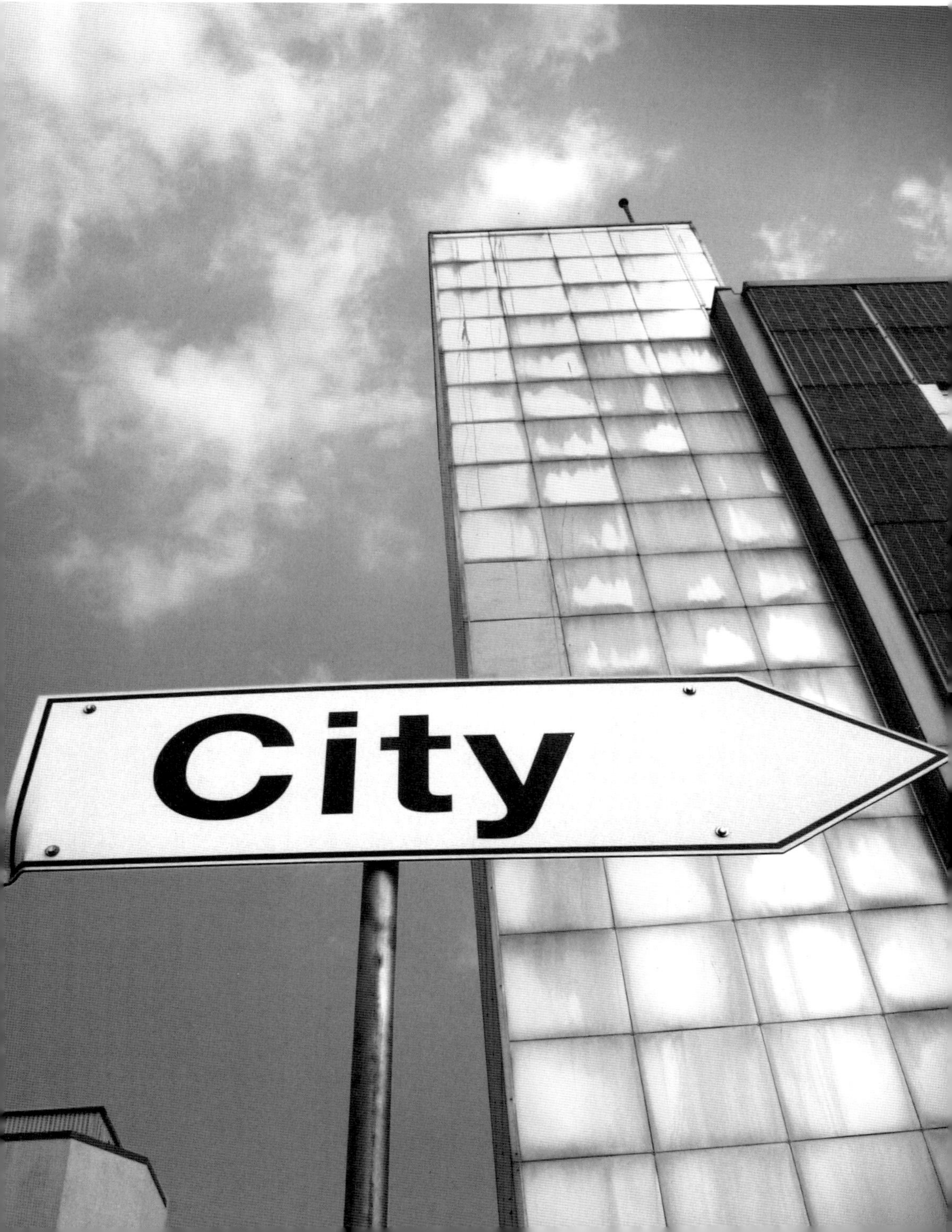

3.1 Hinweise zum Einsatz der City-Bound-Aufgaben

Die Kategorisierungen der Aufgaben sind im Vergleich zu herkömmlichen Spielaktionen in der Pädagogik nicht ganz einfach. Oftmals sind noch nicht mal die Aufgaben klar umrissen, da sie kreativ, themen- wie zielgruppenorientiert und manchmal sogar ganz spontan auf die Gruppe abgewandelt werden können bzw. müssen, wodurch sich natürlich auch Parameter wie der zeitliche Ablauf, der Materialeinsatz etc. ändern können.

Daher sind die Einteilungen und Beschreibungen der folgenden City-Bound-Aufgaben auch als Vorschlag zu verstehen, wie eine Aufgabe durchgeführt werden kann. Es bleibt den Spielleitungen überlassen, entsprechende Änderungen vorzunehmen, um die Aufgaben, deren Rahmen oder Schwierigkeitsgrad an die eigene Zielgruppe anzupassen. Wir sind bei allen Angaben von unseren eigenen Erfahrungswerten bei der Durchführung von City-Bound-Aktionen ausgegangen.

Die City-Bound-Aufgaben im ersten Teil der Methodensammlung sind wie folgt eingeteilt:

Eignung als Gruppen- oder Einzelaufgabe
Hier stellen wir dar, ob sich eine Aufgabe besonders als Einzelaufgabe oder als Gruppenaufgabe eignet. Im Falle von Gruppenaufgaben geben wir Hinweise zur geeigneten Gruppengröße. Natürlich können viele Aufgaben sowohl als Einzel- als auch als Gruppenaufgabe gewinnbringend eingesetzt werden.

Vorbereitung von Einzelaufgaben
Um die Teilnehmer bei der Wahl einer für sie passenden Einzelaufgabe zu unterstützen, haben sich aus unserer Erfahrung zwei Varianten bewährt:

1. Was ich schon immer mal tun wollte …
   Die Teilnehmer werden aufgefordert, sich eine individuell passende Aufgabe auszudenken. „Was wolltest du schon immer mal tun, hast es dich aber noch nie getraut?", „Welches ist für dich ein forderndes und ungewöhnliches Experiment, auf das du dich einlassen möchtest?", „Welche Aufgabe bringt dich nah an deine eigenen Grenzen und ist dennoch machbar?": Fragen wie diese unterstützen die Teilnehmer im Findungsprozess. Vorteil dieses Vorgehens ist die Freisetzung der individuellen Kreativität. Die Teilnehmer sind gefordert, ihre eigenen Ressourcen und Grenzen in den Blick zu nehmen und in Ehrlichkeit mit sich selbst eine passende Aufgabe zu gestalten.

2. Was passt am besten?

Die Leitung wählt im Vorfeld einige Einzelaufgaben mit unterschiedlichem Charakter und Schwierigkeitsgrad aus, druckt die Aufgabenstellungen aus und klebt sie z. B. auf Pappstücke in Wolkenform. Im Seminarraum oder an einem anderen ruhigen Ort werden diese Wolken und das zu den Aufgaben gehörende Material auf dem Boden verteilt. Die Teilnehmer werden gebeten, sich Zeit zu nehmen, durch den Raum zu schlendern und sich die Aufgaben anzuschauen. Anschließend soll sich jeder Teilnehmer einer Aufgabe zuordnen, die er als für sich geeignet empfindet. Dabei können die Aufgaben abgewandelt und somit einfacher, schwieriger oder anderweitig passender gestaltet werden.

Zusätzlich ist es möglich, sich eine komplett eigene Aufgabe zu kreieren. Dieses Vorgehen hat den Vorteil, dass alle Materialien für die Aufgaben besorgt und vorbereitet werden können, sodass die Teilnehmer nach der allgemeinen Zuordnung zu einer Aufgabe unmittelbar in ihre Einzelaufgaben starten können.

Als Beispiel für die Abwandlungsmöglichkeiten der Aufgaben möchten wir einen Teilnehmer aus unserer Fortbildung anführen, der sich für die Aufgabe entschied, ein Päckchen Puddingpulver in einen fertigen Pudding zu verwandeln. Da ihm die Durchführung dieser Aufgabe in der Frankfurter Innenstadt zu leicht erschien, nahm er sich zusätzlich vor, auf die Nutzung von Geschäften zu verzichten und den Pudding in einem Privathaushalt zuzubereiten.

Zeitangaben

Angegeben wird der ungefähre Rahmen, der für die Aktion eingeplant werden sollte. Ob dieses Zeitfenster eingehalten werden kann, hängt vom Arbeitsklima in der Gruppe sowie von äußeren Faktoren, wie z. B. der Bereitschaft der angesprochenen Personen zur Mitarbeit oder dem Wetter, ab. Die Angaben sind daher nur als Richtwerte zu verstehen.

Material

Zumeist sind die Aufgaben nicht sehr materialintensiv. Das Wenige, was benötigt wird, ist dafür aber umso wichtiger, weil sonst manche Aufgaben gar nicht durchgeführt werden können. Wir empfehlen, einen Koffer oder Ähnliches einzurichten, in dem einige Basismaterialien enthalten sind. So können spontan auch andere Aufgaben als die ohnehin geplanten durchgeführt werden.

Kommunikation
Kooperation
Problemlösung
Selbst- und Fremdwahrnehmung
Orientierung
Empathie
Kreativität
Sinneswahrnehmung
Sensibilität für andere Lebenswelten
Berufliche Orientierung

Pädagogisches Potenzial

Alle Aufgaben können in verschiedene thematische Kontexte (wie z. B. Berufsorientierung, Toleranztraining, Auseinandersetzung mit Sucht, Kennenlernen anderer Lebenswelten) eingebunden werden. Hier ist der Kreativität der Leitung keine Grenze gesetzt. Aufgrund der vielfältigen Einsatzmöglichkeiten sehen wir davon ab, den Aufgaben geeignete Themenschwerpunkte zuzuordnen. Für brauchbarer halten wir den Blick auf das Potenzial der Aufgaben hinsichtlich der geforderten (Schlüssel-)Kompetenzen. Die Potenzialtafel zeigt an, welche Kompetenzen bei der Bewältigung dieser Aufgabe im Vordergrund stehen. Die geforderten Kompetenzen sind auf der Tafel jeweils durch dunkle Schrift hervorgehoben.

Aufgabenstellung

Die Aufgabenstellung muss präzise formuliert und verständlich sein. Bei einigen Aufgaben ist es sinnvoll, den Teilnehmern die Aufgaben noch mal schriftlich mitzugeben. So können auch das Zeitfenster, der Treffpunkt und die Telefonnummer(n) der Leitung schriftlich fixiert werden.

Starthilfe

Diese Rubrik führt Varianten auf, um die Aufgabe zu vereinfachen oder den Einstieg in die Aufgabe zu erleichtern.

Varianten / Ausbaumöglichkeiten

Hier haben wir aus unseren Erfahrungen stichwortartig einige Möglichkeiten beschrieben, wie die Aufgaben sinnvoll erweitert werden können.

Hinweis

Hier werden insbesondere Sicherheitshinweise aufgeführt.

3.2 Sammlung der City-Bound-Aufgaben

Auf den folgenden Seiten finden Sie über 50 City-Bound-Aufgaben. Sie sind alphabetisch, nicht inhaltlich, geordnet.

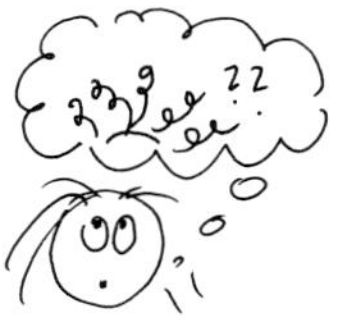

Alltagsfragen

Besonders geeignet als → Einzelaufgabe

Zeit → 30–45 Minuten

Material → Säckchen mit Alltagsfragen auf kleinen Kärtchen

Aufgabenstellung → „Wie funktioniert eigentlich eine Dauerwelle?“, Welche Zutaten stecken in einem Bauernbrot?“, „Wer wählt den Bürgermeister?“: Zieht jeweils eine Alltagsfrage aus der Fragensammlung und geht auf Recherchereise. Lasst euch von Passanten, Geschäftsleuten und Experten bei der Beantwortung helfen. Beendet eure Reise erst, wenn ihr die Antwort wirklich verstanden habt.

Hinweis

Die Aufgabe ist spannender, wenn man auf die Zuhilfenahme des Internets verzichtet. Verbindet man die Aufgabe mit einer Dokumentation der Rechercheaufgabe, z. B. durch Notizen oder Videosequenzen, so werden die Teilnehmer zur Eigenaktivität angeregt.

Weitere Alltagsfragen könnten lauten

- Wie bereitet man original Frankfurter Grüne Soße zu?
- Wie kam die Stadt/die Straße/der Platz zu ihrem/seinem Namen?
- Wie entsteht eine Tageszeitung?
- Wie viele Menschen arbeiten daran? Wie gelingt eine zeitnahe Berichterstattung?
- Was zeichnet ein richtig gutes Mountainbike aus?

Kommunikation
Kooperation
Problemlösung
Selbst- und Fremdwahrnehmung
Orientierung
Empathie
Kreativität
Sinneswahrnehmung
Sensibilität für andere Lebenswelten
Berufliche Orientierung

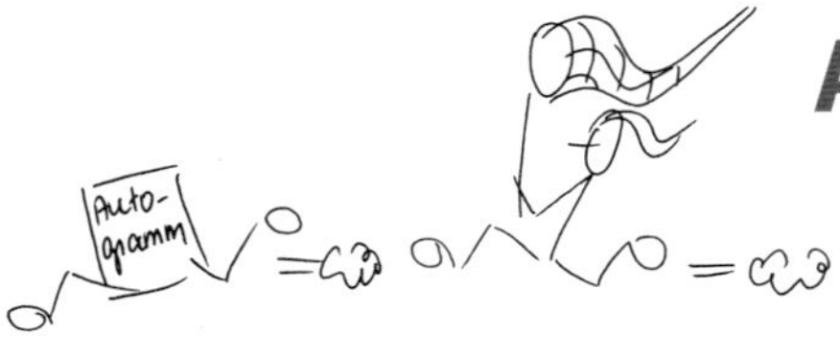

Autogrammjäger

Besonders geeignet als → Einzelaufgabe

Zeit → 30–60 Minuten

Material → Weiße T-Shirts, T-Shirt-Marker

Aufgabenstellung → Zieh ein weißes T-Shirt an und finde mindestens zehn fremde Personen, die dir etwas Nettes darauf schreiben.

Starthilfe → Um den Schwierigkeitsgrad herabzusetzen, können die Teilnehmer auch zu zweit losziehen. Teilnehmer A fragt dann Passanten, was ihnen Nettes zu Teilnehmer B einfällt, und bittet sie, dies auf dem T-Shirt zu notieren. Hierbei richtet sich der Fokus automatisch auf Komplimente und positive Rückmeldungen.

Kommunikation
Kooperation
Problemlösung
Selbst- und Fremdwahrnehmung
Orientierung
Empathie
Kreativität
Sinneswahrnehmung
Sensibilität für andere Lebenswelten
Berufliche Orientierung

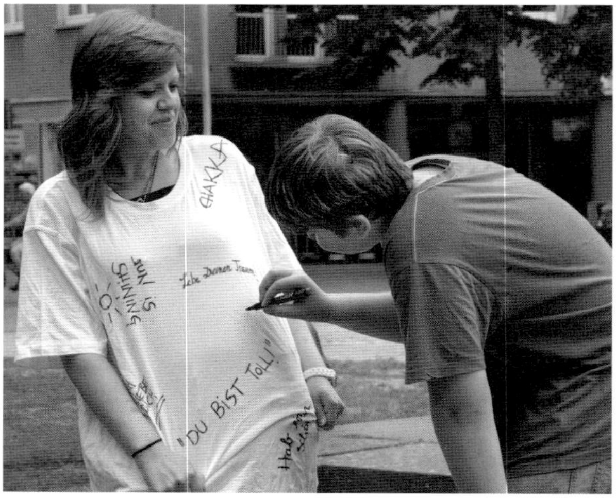

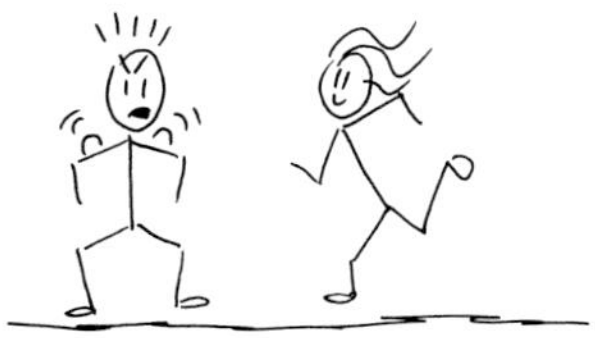

Bilder nachstellen

Besonders geeignet als → Gruppenaufgabe, hier: Zweiergruppen

Zeit → 30–60 Minuten

Material → Bilder, z. B. von Popstars, Comicfiguren, Action-Helden, berühmten Filmszenen, Yogaübungen; eine Digitalkamera für jede Gruppe

Aufgabenstellung → Wählt euch ein oder mehrere Motive aus. Stellt mit Passanten möglichst originalgetreu das von euch gewählte Motiv nach. Macht ein Foto vom Ergebnis.

Varianten / Ausbaumöglichkeiten → Versucht, hierfür notwendige Requisiten möglichst originalgetreu zu organisieren und einen geeigneten Ort auszuwählen.

Kommunikation
Kooperation
Problemlösung
Selbst- und Fremdwahrnehmung
Orientierung
Empathie
Kreativität
Sinneswahrnehmung
Sensibilität für andere Lebenswelten
Berufliche Orientierung

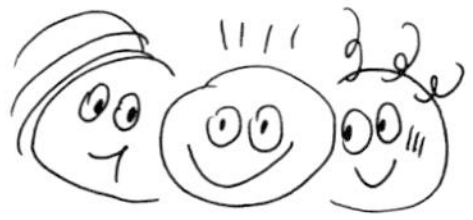

Bitte lächeln

Besonders geeignet als → Gruppenaufgabe

Zeit → 60 Minuten

Material → Digitalkamera

Aufgabenstellung → Macht ein Foto, auf dem 20 Personen zu sehen sind, die sich eigens für euch aufstellen. Auf dem Foto sollen Kinder, Jugendliche, Personen nicht-deutscher Herkunft, ein Mann mit Hut, ein Fahrrad sowie ein Hund zu sehen sein.

Varianten / Ausbaumöglichkeiten → Die Vorgaben können an einen thematischen Schwerpunkt geknüpft werden, z. B. zum Thema „Integration": Versucht, mindestens zehn Personen, die nicht in Deutschland geboren worden sind, zu einem Gruppenfoto zu überreden. Oder zum Thema „Berufsorientierung": Versucht, 20 Personen mit verschiedenen Berufen auf ein Foto zu bringen.

Kommunikation
Kooperation
Problemlösung
Selbst- und Fremdwahrnehmung
Orientierung
Empathie
Kreativität
Sinneswahrnehmung
Sensibilität für andere Lebenswelten
Berufliche Orientierung

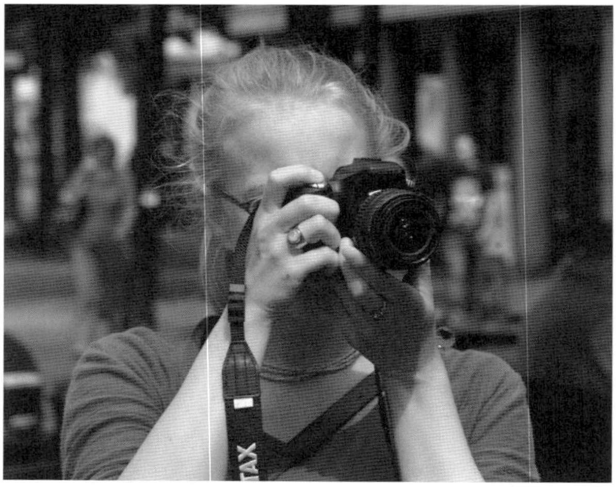

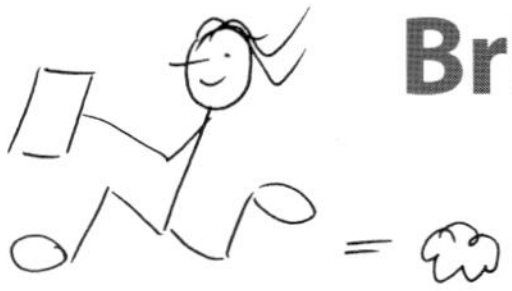

Bring und gewinn

Besonders geeignet als → Gruppenaufgabe, hier Kleingruppen à 4–5 Personen

Zeit → 60 Minuten

Material → Karten mit Quizfragen und den dazu gehörenden Lösungen

Aufgabenstellung → Ihr tretet in Kleingruppen gegeneinander an. Ziel des Spieles ist es, als Team die meisten Punkte zu sammeln. Gespielt wird immer eine Spielrunde mehr, als es Spieler pro Team gibt. Bei Vierergruppen werden also fünf Runden gespielt. Pro Spielrunde tritt je ein Spieler aus jedem Team an. Ihr bekommt eine Quizfrage gestellt, z. B.: „Was für ein Tier ist Snoopy?" Aufgabe ist nun, die Antwort nicht zu sagen, sondern zu bringen. Der Spieler, dem es als Erstem gelingt, der Spielleitung die Antwort zu bringen (hier: einen Hund), erzielt einen Punkt für sein Team. Folgende Spielregeln sind zu beachten:

1. Ihr dürft keine eigenen Dinge oder Dinge aus eurem Team einbringen.
2. Ihr dürft nichts kaufen.
3. Eine Spielrunde endet spätestens nach sechs Minuten. Gelingt es euch innerhalb dieser Zeit nicht, die Lösung zu bringen, so verfallen die Punkte aus dieser Spielrunde.

Ihr dürft natürlich Personen bringen, die die Lösung bei sich / an sich tragen.

Nachdem jeder Spieler eine Runde gespielt hat, gibt es eine finale Abschlussrunde, in der alle Teams gegeneinander antreten. Abschließend werden die Punktestände ausgezählt. Das Team mit den meisten Punkten gewinnt.

Hinweis

Die Lösungen müssen vorab eindeutig von der Spielleitung definiert und z. B. auf der Rückseite der Fragekarten notiert sein. So gibt es keine Verhandlungen über richtige und falsche Lösungen. Für die Abschlussrunde eignet sich eine Quizfrage, die sich mit einer kleinen Aktion beantworten lässt, z. B.: „Wobei fliegen nach Gottlieb Wendehals die Löcher aus dem Käse?" Hier gewinnt das Team, welches als Erstes eine Polonaise auf die Beine gestellt hat.

Kommunikation
Kooperation
Problemlösung
Selbst- und Fremdwahrnehmung
Orientierung
Empathie
Kreativität
Sinneswahrnehmung
Sensibilität für andere Lebenswelten
Berufliche Orientierung

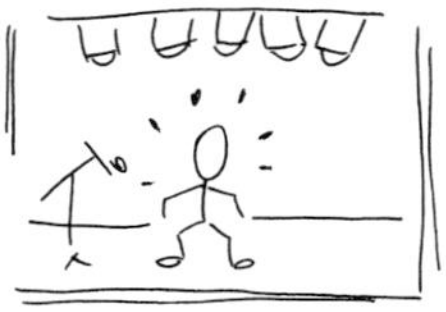

Bühne frei – ein Rollentausch

Besonders geeignet als → Einzelaufgabe

Zeit → 60 Minuten

Material → Je nach Rolle: Kleidung, Utensilien

Aufgabenstellung → Wähle dir eine Rolle aus, in die du für die nächste Stunde schlüpfen magst, z. B.: Straßenmusiker, Jongleur, Marktschreier, Promotion-Mitarbeiter o. Ä. Statte dich mit entsprechender Kleidung und Utensilien aus und erkunde im Laufe der nächsten 60 Minuten die Welt aus der Perspektive deiner Rolle.

Varianten / Ausbaumöglichkeiten → Weitere Rollenideen: Straßenkünstler, Luftballonverkäufer, Punk, Obdachloser, alter Mann, Flaschensammler, Blinder, Weihnachtsmann.

Hinweis

Auf eine ernsthafte und wertschätzende Herangehensweise an die Aufgabe achten! Diese Aufgabe benötigt eine ausführliche Vor- und Nachbereitung.

Kommunikation
Kooperation
Problemlösung
Selbst- und Fremdwahrnehmung
Orientierung
Empathie
Kreativität
Sinneswahrnehmung
Sensibilität für andere Lebenswelten
Berufliche Orientierung

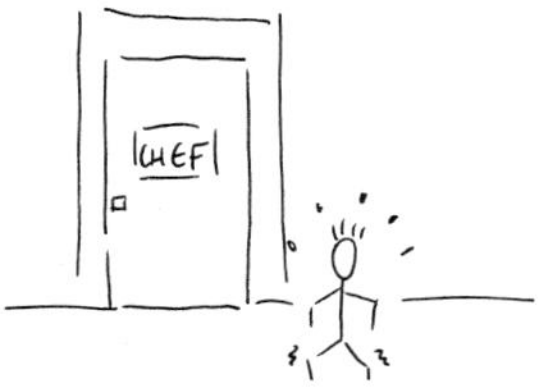

Cheftermin

Besonders geeignet als → Einzelaufgabe

Zeit → 1–2 Stunden

Material → keines

Aufgabenstellung → Versuche, einen Termin beim Chef einer Bank, eines Geschäftes oder eines Betriebes zu bekommen. Überlege dir drei bis fünf Fragen, die du ihm stellen kannst.

Hinweis

Diese Aufgabe passt sehr gut zum Themenkomplex „Berufsorientierung“. Fragen wie: „Was muss man tun, um in eine ‚Chefposition‘ zu gelangen?“ oder: „Welche Kompetenzen braucht man eigentlich, um ein guter Chef zu sein?“, können unmittelbar anschließend auf die eigenen beruflichen Vorstellungen der Teilnehmer übertragen werden.

Kommunikation
Kooperation
Problemlösung
Selbst- und Fremdwahrnehmung
Orientierung
Empathie
Kreativität
Sinneswahrnehmung
Sensibilität für andere Lebenswelten
Berufliche Orientierung

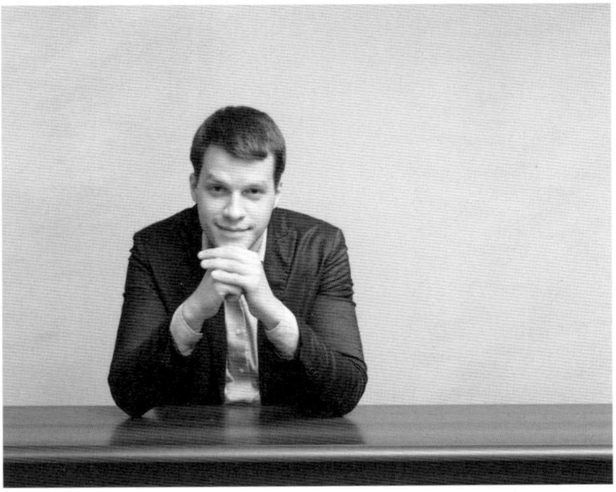

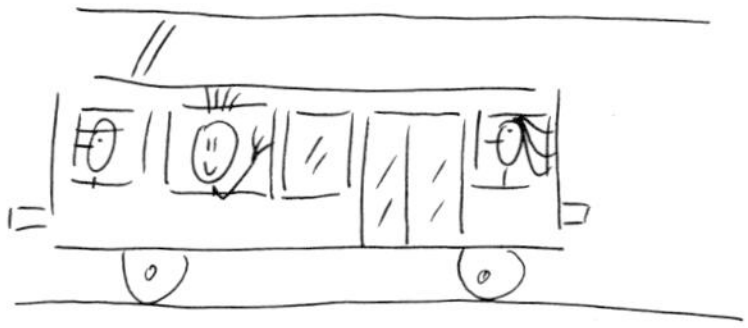

City-Scouts

Besonders geeignet als → Gruppenaufgabe / Einzelaufgabe

Zeit → 1–2 Stunden

Material → Stadtplan, Fahrplan der öffentlichen Verkehrsmittel, Fahrkarten

Aufgabenstellung → Fahrt drei Stationen mit öffentlichen Verkehrsmitteln, ohne dies zu planen oder euch vorher zu informieren. Wenn ihr am Endpunkt angekommen seid, gilt es herauszufinden, wo ihr genau seid. Zeichnet euren Standort in den Stadtplan ein. Notiert euch eure Eindrücke, die Besonderheiten des Ortes und findet Passanten, die euch Informationen über den Ort geben können. Findet anschließend den schnellsten Weg zurück und stellt später eure „Reise" und den erkundeten Ort der Gruppe vor.

Hinweis

Da die Orientierung hier ohne vorherige Planung besonders schwierig sein kann, unbedingt auf die gegenseitige Erreichbarkeit achten. Sinnvoll ist es auch, eine Grenze zu vereinbaren, bis zu der sich die Teilnehmer bewegen können.

Kommunikation
Kooperation
Problemlösung
Selbst- und Fremdwahrnehmung
Orientierung
Empathie
Kreativität
Sinneswahrnehmung
Sensibilität für andere Lebenswelten
Berufliche Orientierung

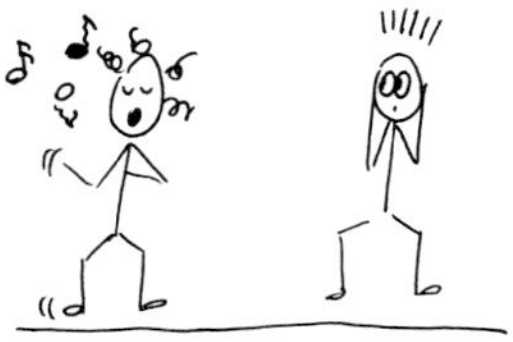

City-Soundtrack

Besonders geeignet als → Gruppenaufgabe

Zeit → 1–2 Stunden

Material → Papier, Stifte, Diktiergerät oder Handy mit Aufnahmefunktion

Aufgabenstellung → Befragt Passanten in der Stadt nach ihrem Lieblingslied und nach ihrer Geschichte dazu, beispielsweise, wie es dazu kam, dass dies ihr Lieblingslied wurde. Bittet sie, euch einen Teil daraus vorzusingen und macht eine Aufnahme davon. Stellt hieraus eine Hitliste der Stadt bzw. des Stadtteils zusammen. Jede Kleingruppe stellt anschließend ihre Ergebnisse im Plenum vor.

Varianten / Ausbaumöglichkeiten →

- Es können Kriterien für die Passanten vorgegeben werden, die in der Stadt angesprochen werden sollen. So kann eine Gruppe z. B. eher Teenager ansprechen, eine andere dagegen eher ältere Menschen.
- Ebenso können vorher Kriterien für das Gebiet festgelegt werden. Vielleicht ergeben sich unterschiedliche Soundtracks für verschiedene Stadtteile oder Straßen?
- Diskutiert in der Gruppe über die Ergebnisse: Was sagt die Liedauswahl über die befragte Gruppe oder den Stadtteil aus? In welchem Zusammenhang stehen Kriterien wie Wohnort, Alter, Beruf oder Lebensweise mit der Wahl der Lieder? Wie wird ein Lieblingslied zum Lieblingslied? Wie verhält sich das bei euch?

Kommunikation
Kooperation
Problemlösung
Selbst- und Fremdwahrnehmung
Orientierung
Empathie
Kreativität
Sinneswahrnehmung
Sensibilität für andere Lebenswelten
Berufliche Orientierung

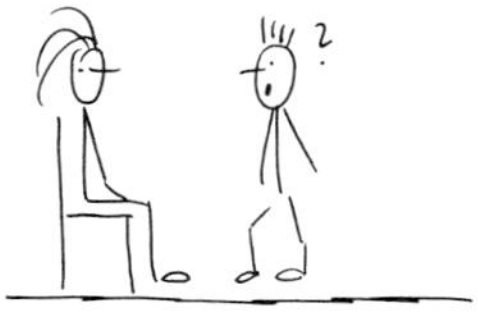

Darf ich mich zu Ihnen setzen?

Besonders geeignet als → Einzelaufgabe

Zeit → 30–60 Minuten

Material → keines

Aufgabenstellung → Setze dich in einem Restaurant, Café o. Ä. an einen Tisch, der schon besetzt ist. Nimm Kontakt zu den Menschen auf, die dort sitzen, und versuche, etwas über sie zu erfahren.

Hinweis
Thematische Vorgaben können hier sinnvoll sein, sind aber nicht zwingend notwendig. Ein Small Talk ohne Vorgaben erfordert jedoch schon eine gehörige Portion Mut. Vorbereitete Fragen, z. B. zum Thema „Berufsorientierung", erleichtern den Einstieg in das Gespräch enorm.

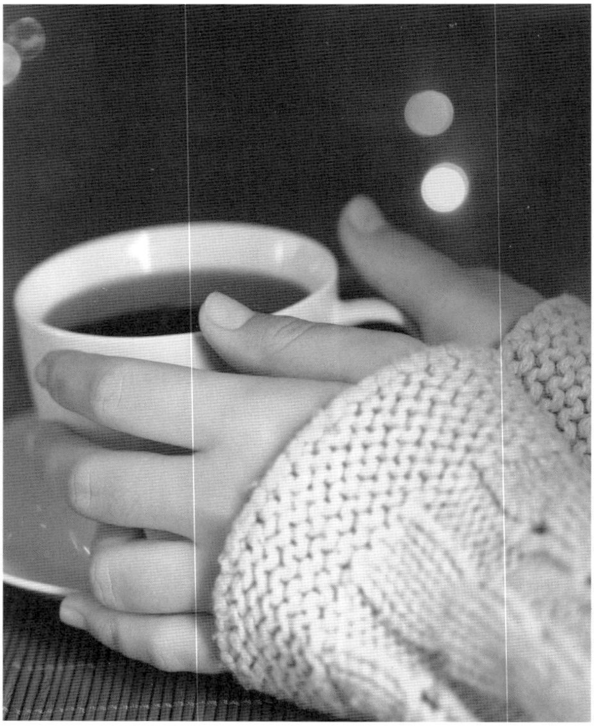

Kommunikation
Kooperation
Problemlösung
Selbst- und Fremdwahrnehmung
Orientierung
Empathie
Kreativität
Sinneswahrnehmung
Sensibilität für andere Lebenswelten
Berufliche Orientierung

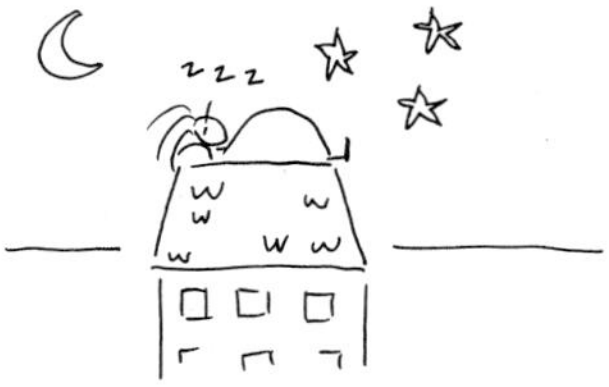

Das Nachtlager

Besonders geeignet als → Gruppenaufgabe

Zeit → 1 Übernachtung

Material → Eventuell Schlafsäcke, Isomatten, Matratzen, Decken etc.

Aufgabenstellung → Organisiert eine Übernachtungsmöglichkeit für die komplette Gruppe in der Stadt, z. B. in einer Kirche, an / auf einem Denkmal, auf einem Dach, in einer Sporthalle.

Hinweis
Mit den Teilnehmern gemeinsam die Sicherheitsaspekte hierfür erarbeiten.
Falls nötig, Genehmigungen zur Nutzung von Gebäuden, Plätzen, Parks oder Ähnliches einholen. Die Eignung der Unterkunft für gemischtgeschlechtliche Gruppen überprüfen. Die Eltern vorab über die Aktion informieren und ihr Einverständnis einholen.

Kommunikation
Kooperation
Problemlösung
Selbst- und Fremdwahrnehmung
Orientierung
Empathie
Kreativität
Sinneswahrnehmung
Sensibilität für andere Lebenswelten
Berufliche Orientierung

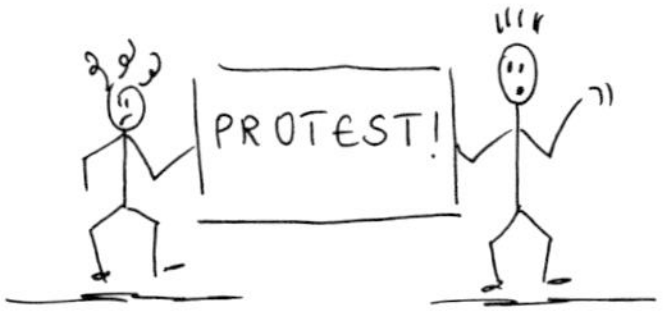

Demo

Besonders geeignet als → Gruppenaufgabe

Zeit → Je nach Aufwand

Material → Papier, Stifte, Tapeziertisch, Betttücher für Transparente, Farbe, Pinsel, Flyer, Trillerpfeifen etc.

Aufgabenstellung → Organisiert eine spontane Demonstration zu einer Thematik eurer Wahl. Erstellt hierfür Unterschriftenlisten, Flyer, Plakate, einen Protestzug etc. Versucht, möglichst viele Leute von eurer Idee zu begeistern und in die Aktion einzubeziehen.

Varianten / Ausbaumöglichkeiten → Zur Vorbereitung kann eine Auseinandersetzung mit dem aktuellen Tagesgeschehen dienlich sein. Durch gemeinsames Nachrichtenschauen oder Zeitunglesen können Fragen wie: „Was sollte sich eurer Meinung nach dringend verändern?", oder: „Was würdet ihr tun, wenn ihr ‚König von Deutschland' wärt?", besprochen werden. So kann sich die Gruppe einem realitätsnahen Demothema nähern.

Hinweis

Das Thema sollte gemeinsam erarbeitet und von allen getragen werden. Vor der Aktion müssen unbedingt Polizei und Ordnungsamt informiert werden (siehe Kapitel 2.2)!

Die Gruppe benötigt ausreichend Vorbereitungszeit, um die Aktion zu planen.

Kommunikation
Kooperation
Problemlösung
Selbst- und Fremdwahrnehmung
Orientierung
Empathie
Kreativität
Sinneswahrnehmung
Sensibilität für andere Lebenswelten
Berufliche Orientierung

Der Outfit-Knigge

Besonders geeignet als → Einzelaufgabe

Zeit → 1 Stunde

Material → keines

Aufgabenstellung → Gehe in ein Geschäft deiner Wahl und lass dich bei der Wahl des richtigen Anzugs / Abendkleides beraten.

Starthilfe → Zum Einstieg können es auch ein Hemd, ein Paar Schuhe oder eine Skater-, Kletter- oder Fußballausrüstung sein.

Varianten / Ausbaumöglichkeiten →
- Bitte die Verkäuferin, ein Foto von dir zu schießen;
- thematische Schwerpunktsetzung, z. B.: „Das richtige Bewerber-Outfit".

Hinweis
Um es einfacher zu machen, kann die Aufgabe auch in der Kleingruppe bewältigt werden. Lasst euch z. B. bei der Wahl des richtigen Anzugs / Abendkleides beraten und veranstaltet eine kleine Modenschau im Geschäft.

Kommunikation
Kooperation
Problemlösung
Selbst- und Fremdwahrnehmung
Orientierung
Empathie
Kreativität
Sinneswahrnehmung
Sensibilität für andere Lebenswelten
Berufliche Orientierung

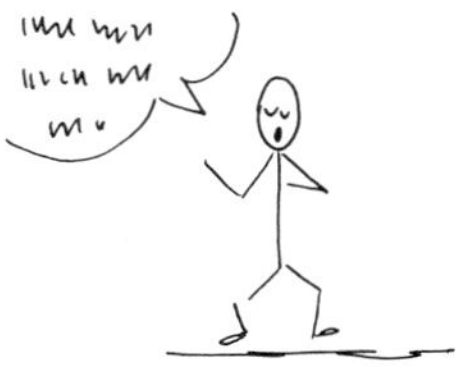

Dichter

Besonders geeignet als → Einzelaufgabe

Zeit → 30 Minuten

Material → Buch mit Gedichten

Aufgabenstellung → Trage an einem öffentlichen Ort ein Gedicht vor.

Starthilfe → Rezitiere vor einer fremden, erwachsenen Person / einer Passantengruppe / einer Kindergruppe / einer Gruppe Cafébesucher o. Ä. ein Gedicht oder lies ihr / ihnen eine Geschichte vor.

Kommunikation
Kooperation
Problemlösung
Selbst- und Fremdwahrnehmung
Orientierung
Empathie
Kreativität
Sinneswahrnehmung
Sensibilität für andere Lebenswelten
Berufliche Orientierung

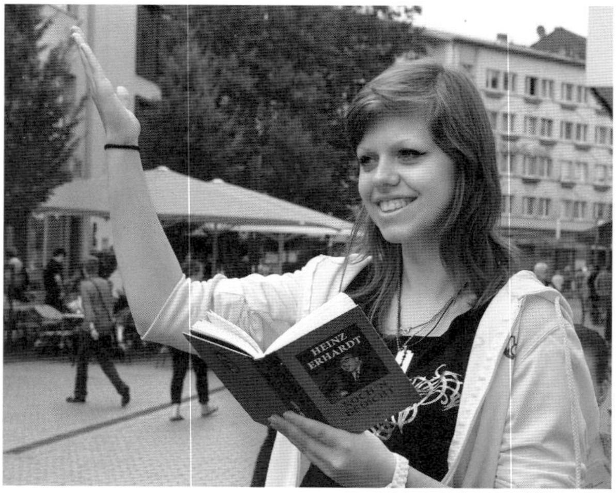

Die Schlacht am Büfett

Besonders geeignet als → Gruppenaufgabe

Zeit → 2–3 Stunden

Material → keines

Aufgabenstellung → Organisiert als Gruppe ein komplettes Büfett. Lebensmittel und Getränke dürfen nicht gekauft (und natürlich auch nicht geklaut) werden. Es ist aber möglich, Dienstleistungen zu erbringen und sich so das Essen zu „verdienen" oder Spenden zu sammeln. Das komplette Büfett wird in der Gruppe gemeinsam verspeist.

Varianten / Ausbaumöglichkeiten →

- Organisiert einen Raum, in welchem das Büfett aufgebaut und verzehrt wird.
- Denkt euch ein „Motto" für das Büfett aus und dekoriert den Raum dementsprechend, ohne dafür Geld auszugeben.
- Legt Kriterien für die Zutaten fest, z. B. nur Bio-Ware, nur Frühstückszubehör, nur Lebensmittel aus Frankreich.
- Als Variante kann auch das Annehmen von Geschenken / Spenden verboten werden. So bleibt das Prinzip: „Essen gegen Dienstleistung".

Hinweis
Es ist wichtig, den Teilnehmern genügend Raum und Zeit für die Vorbereitung einzuräumen.

Kommunikation
Kooperation
Problemlösung
Selbst- und Fremdwahrnehmung
Orientierung
Empathie
Kreativität
Sinneswahrnehmung
Sensibilität für andere Lebenswelten
Berufliche Orientierung

Dingsda

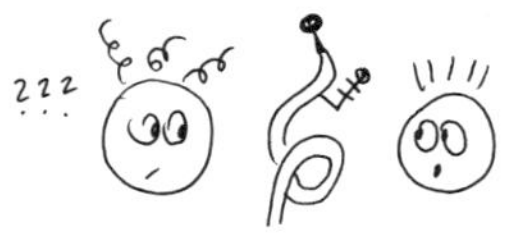

Besonders geeignet als → Gruppenaufgabe / Einzelaufgabe

Zeit → 45 Minuten

Material → Verschiedene, möglichst spezifische und unbekannte Gegenstände, z. B. berufsspezifische Werkzeuge, ein Teil eines Automotors / Fahrrades, ein spezifisches Kabel oder Computerteil, ein Utensil aus einem Labor, ein Messgerät aus der Krankenpflege o. Ä.

Aufgabenstellung → Sucht euch aus dem Fundus einen Gegenstand aus. Findet heraus, worum es sich bei diesem Gegenstand handelt und wofür er gebraucht wird. Nehmt Passanten, Geschäftsleute, Werkstattmitarbeiter und andere zu Hilfe, um die Aufgabe zu lösen. Möglicherweise gelingt es euch ja sogar, die genaue Bezeichnung des Gegenstandes herauszufinden.

Hinweis

Diese Aufgabe eignet sich sehr zur Einbindung in das Thema „Berufsorientierung". Werden berufsspezifische Gegenstände und Werkzeuge ausgewählt, so gelingt auf spielerische Weise der Zugang zu unterschiedlichen Berufsgruppen.

Kommunikation
Kooperation
Problemlösung
Selbst- und Fremdwahrnehmung
Orientierung
Empathie
Kreativität
Sinneswahrnehmung
Sensibilität für andere Lebenswelten
Berufliche Orientierung

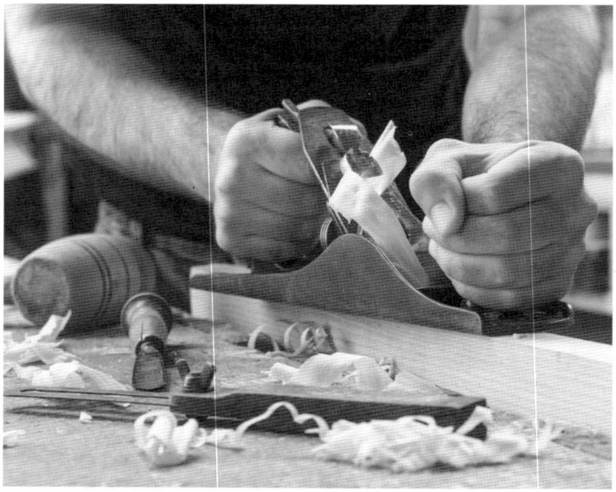

Eiertanz

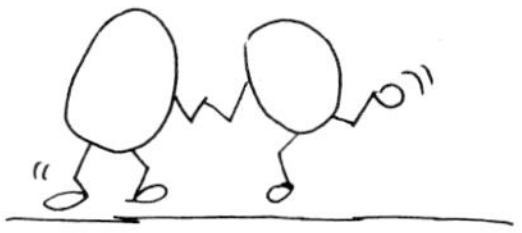

Besonders geeignet als → Gruppenaufgabe

Zeit → 1 Stunde

Material → Eier (rohe oder harte; Anzahl: doppelt so viele wie Teilnehmer)

Aufgabenstellung → Transportiert die Eier entlang einer festgelegten Strecke vom Start zum Zielpunkt. Es darf immer nur ein Ei auf einmal befördert werden. Während der gesamten Spielzeit darf keiner aus der Gruppe am Transport beteiligt sein. Überlegt euch also eine Strategie, wie ihr fleißige Helfer für den Transport gewinnt!

Varianten / Ausbaumöglichkeiten → Auch diese Aufgabe kann in Kooperation (in der Gesamtgruppe) oder im Wettkampf zwischen zwei Teilgruppen bewältigt werden.

Hinweis
Als Startpunkt sollten ein belebter Ort gewählt und eine geeignete Spielstrecke vor dem Spiel erkundet und abgesteckt werden. Am Zielpunkt nimmt ein Spielleiter die Eier in Empfang.

Kommunikation
Kooperation
Problemlösung
Selbst- und Fremdwahrnehmung
Orientierung
Empathie
Kreativität
Sinneswahrnehmung
Sensibilität für andere Lebenswelten
Berufliche Orientierung

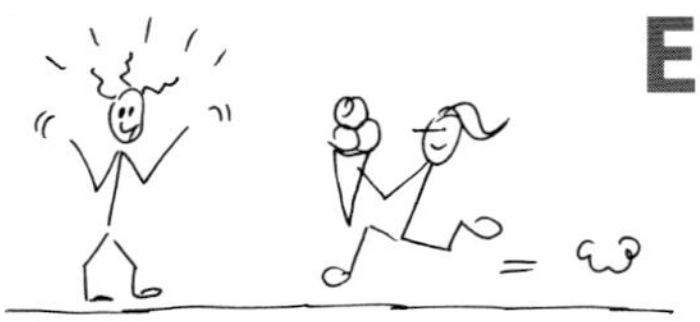

Eine Einladung zum Eis

Besonders geeignet als → Einzelaufgabe

Zeit → 30 Minuten

Material → Kleingeld, eventuell Quittungsblock

Aufgabenstellung → Finde eine fremde erwachsene Person, der du ein Eis spendieren darfst.

Starthilfe → Um die Hemmschwelle zu senken, kann die Aufgabe auch im Zweierteam bewältigt werden.

Varianten / Ausbaumöglichkeiten →
- Verwickle die Person in ein kurzes Gespräch und versuche, etwas über sie zu erfahren.
- Befrage die Person zu ihrem beruflichen Werdegang, ihrer Kindheit und Jugend in der Stadt oder zu einem anderen Thema.

Kommunikation
Kooperation
Problemlösung
Selbst- und Fremdwahrnehmung
Orientierung
Empathie
Kreativität
Sinneswahrnehmung
Sensibilität für andere Lebenswelten
Berufliche Orientierung

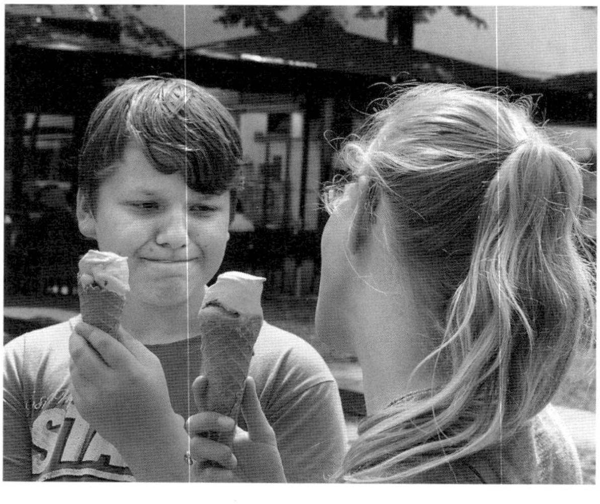

Engel auf Erden

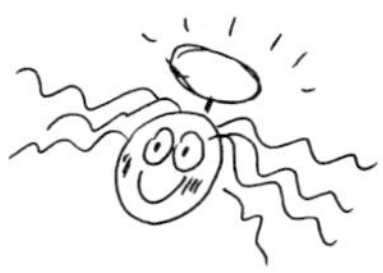

Besonders geeignet als → Einzelaufgabe

Zeit → 1 Stunde

Material → Engelskostüm (Flügel, weißes Betttuch oder Kleid)

Aufgabenstellung → Laufe als Engel verkleidet durch die Stadt und tue mindestens fünf Menschen etwas Gutes.

Starthilfe → Die guten Taten können durch eine Umfrage zum Thema „Herzenswünsche" ersetzt werden: Frage mindestens fünf Menschen, was sie sich von Herzen wünschen (für sich, für die Welt, für ihre Zukunft, beruflich, für unsere Umwelt o. Ä.). Notiere die Ergebnisse auf einem großen Wunschzettel.

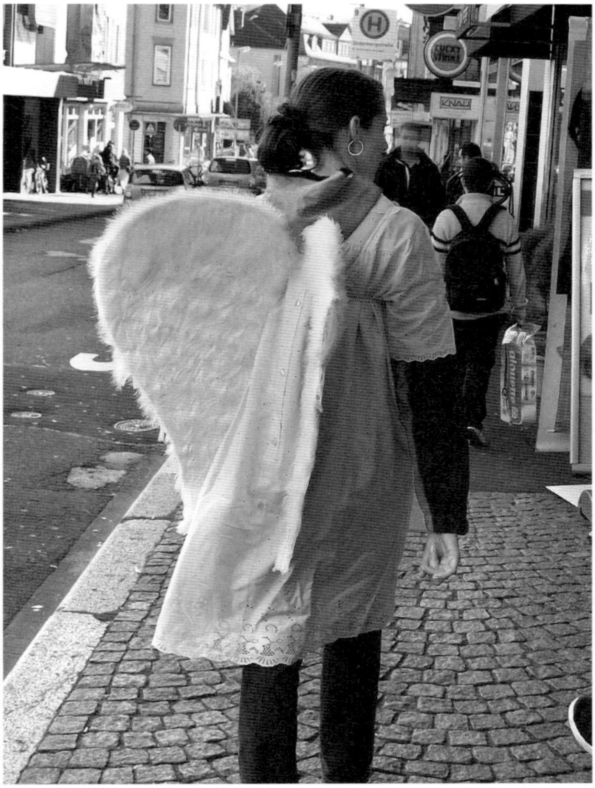

Kommunikation
Kooperation
Problemlösung
Selbst- und Fremdwahrnehmung
Orientierung
Empathie
Kreativität
Sinneswahrnehmung
Sensibilität für andere Lebenswelten
Berufliche Orientierung

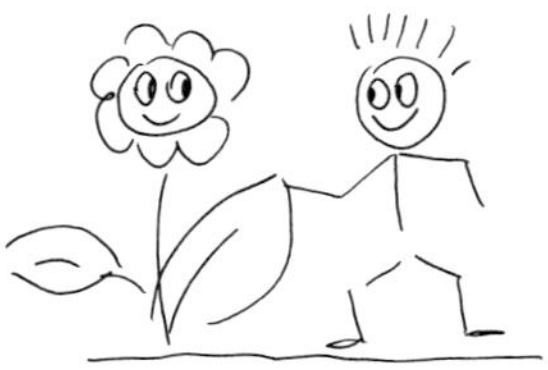

Es grünt so grün

Besonders geeignet als → Gruppenaufgabe / Einzelaufgabe

Zeit → 1 Stunde

Material → Klappspaten, Gießkanne, Baum-, Strauch- oder Blumensetzling

Aufgabenstellung → Sucht euch einen Platz in der Stadt, wo ihr – mit vorheriger Erlaubnis des Grundstückbesitzers – eure Pflanze eingraben dürft.

Varianten / Ausbaumöglichkeiten →

- Dokumentiert das Ergebnis mit einem Foto.
- Sucht einen Paten für eure Pflanze. Bittet den Grundstückbesitzer oder Bewohner / Gastronomen / Geschäftsleute aus der Nachbarschaft, auf eure Pflanze aufzupassen. Macht ein gemeinsames Foto mit der Patenpflanze.

Kommunikation
Kooperation
Problemlösung
Selbst- und Fremdwahrnehmung
Orientierung
Empathie
Kreativität
Sinneswahrnehmung
Sensibilität für andere Lebenswelten
Berufliche Orientierung

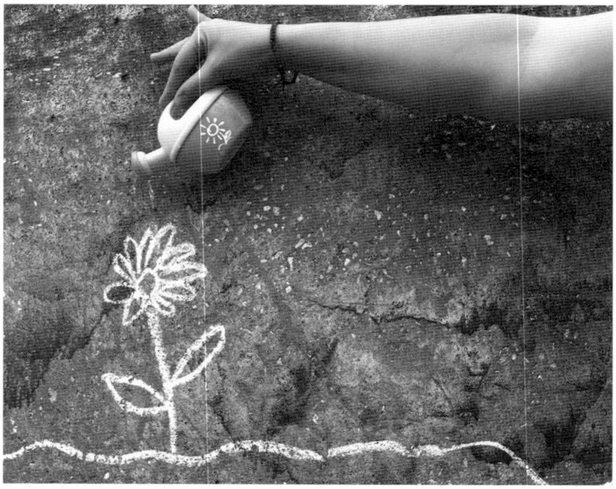

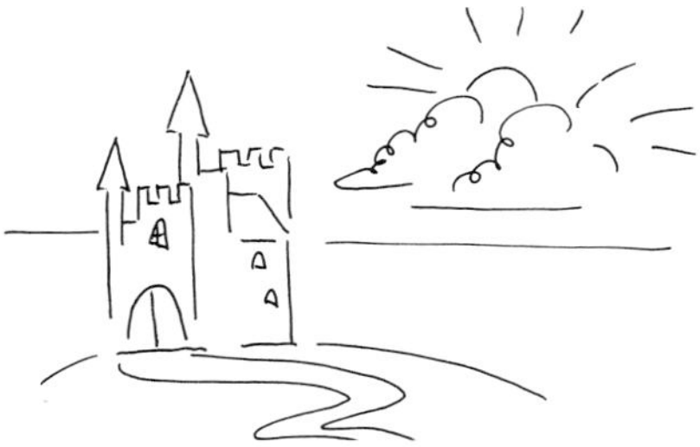

Es war einmal …

Besonders geeignet als → Gruppenaufgabe / Einzelaufgabe

Zeit → 1 Stunde

Material → Papier und Stifte

Aufgabenstellung → Schreibe zusammen mit fremden Leuten eine Geschichte. Jeder, der sich darauf einlässt, darf einen Satz dazu beitragen. Notiere alles mit und biete allen Beteiligten an, ihnen die fertige Geschichte per Mail oder Post zukommen zu lassen.

Varianten / Ausbaumöglichkeiten → Es kann ein thematischer Schwerpunkt gesetzt werden durch die Auswahl der Überschrift, z. B.: „Ein Märchen aus unserer Stadt", „Ein aktuelles Thema zum Tagesgeschehen", „Ein Thema, das die Gruppe gerade beschäftigt", o. Ä.

Kommunikation
Kooperation
Problemlösung
Selbst- und Fremdwahrnehmung
Orientierung
Empathie
Kreativität
Sinneswahrnehmung
Sensibilität für andere Lebenswelten
Berufliche Orientierung

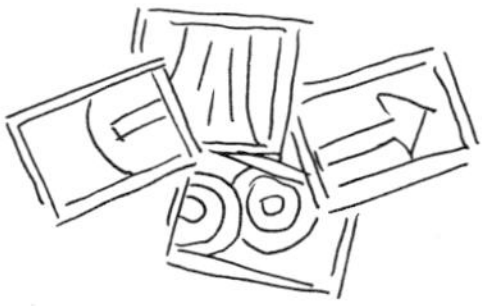

Fotorallye

Besonders geeignet als → Gruppenaufgabe

Zeit → 1 Stunde

Material → Fotos, die entlang einer Strecke aufgenommen wurden, Digitalkameras

Aufgabenstellung → Findet euren Weg anhand der Fotos. Fotografiert die Motive möglichst detailgetreu und aus gleicher Perspektive nach.

Hinweis
Bei der Vorbereitung ist darauf zu achten, dass die Motive auf den Fotos weder zu leicht noch zu schwer zu finden sind. Es eignen sich Stücke von Straßenschildern, Garagentore, markante Baumgabelungen etc. Die Fotos müssen in der Reihenfolge sortiert und nummeriert sein, sodass die Teilnehmer dem Weg folgen können. Es empfiehlt sich, die Fotostrecke im Vorfeld von einer Testperson ablaufen zu lassen. Die Aufgabe sollte möglichst zeitnah vorbereitet werden, sonst besteht die Gefahr, dass sich die Motive in der Zwischenzeit verändert haben (Straßen gesperrt, Bäume gewachsen, Schilder abmontiert o. Ä.).

Kommunikation
Kooperation
Problemlösung
Selbst- und Fremdwahrnehmung
Orientierung
Empathie
Kreativität
Sinneswahrnehmung
Sensibilität für andere Lebenswelten
Berufliche Orientierung

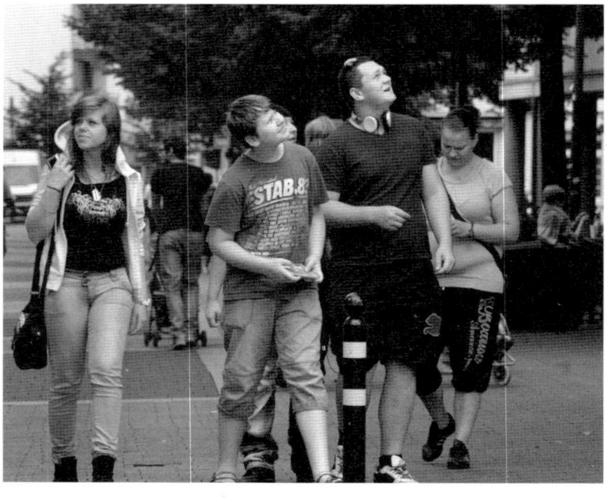

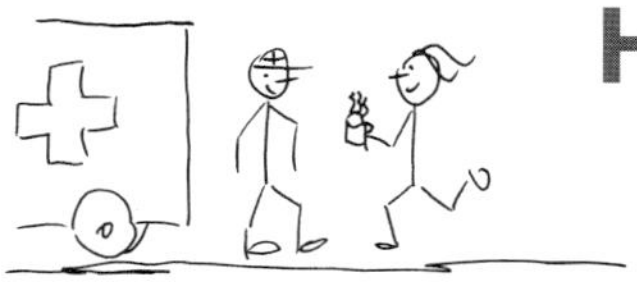

Harte Jobs

Besonders geeignet als → Gruppenaufgabe, hier: Zweiergruppen

Zeit → 30–60 Minuten

Material → 2,00 € pro Zweierteam, eventuell Quittungsblock

Aufgabenstellung → Betrachtet verschiedene Menschen bei der Arbeit. Wer hat sich heute eurer Meinung nach einen Kaffee verdient? Ladet einen Arbeitnehmer eurer Wahl dazu ein. Versucht, ihn in ein kurzes Gespräch zu verwickeln, und befragt ihn zu seinem persönlichen Werdegang sowie zu seiner Berufsbiografie.

Varianten / Ausbaumöglichkeiten → Verbringe mit einem Arbeitnehmer deiner Wahl gemeinsam seine Mittagspause. Frage, ob du dich ihm anschließen darfst, und wie er üblicherweise seine Pause verbringt. Tauche für eine Weile ein in seine Welt und erfahre etwas über seinen Beruf, seine Rituale, sein Lieblingsessen und seinen Lieblingsort für die Pause, seinen Werdegang usw.

Kommunikation
Kooperation
Problemlösung
Selbst- und Fremdwahrnehmung
Orientierung
Empathie
Kreativität
Sinneswahrnehmung
Sensibilität für andere Lebenswelten
Berufliche Orientierung

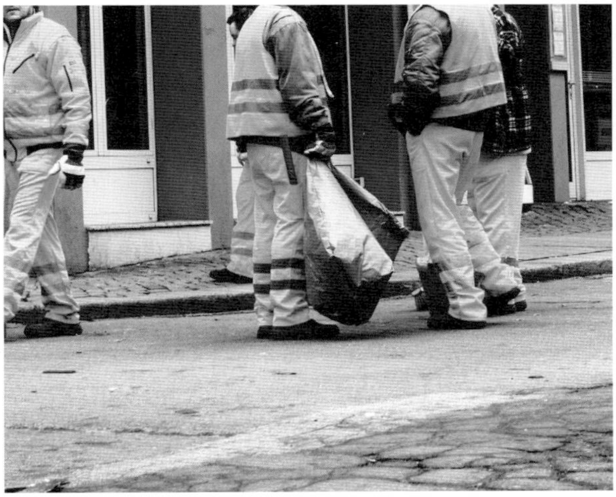

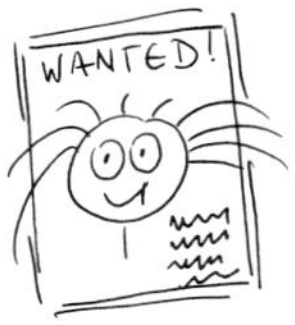

Headhunter

Besonders geeignet als → Einzelaufgabe / Gruppenaufgabe

Zeit → 1 Stunde

Material → Papier, Stifte, Kamera, eventuell Aufnahmegerät

Aufgabenstellung → Entwickelt ein Porträt über einen euch unbekannten Menschen. Erstellt hierzu einen Interview-Leitfaden mit Fragen. Dokumentiert euer Interview mit Fotos und stellt euer Porträt anschließend in der Gruppe vor.

Varianten / Ausbaumöglichkeiten →

- Setzt einen thematischen Schwerpunkt für den Fragebogen (z. B. Berufsorientierung, Lebenssituationen).
- Nehmt eventuell Interviews auf.
- Anstelle der Porträts von Menschen könnt ihr auch welche von Tieren anfertigen. Hierzu eignet sich z. B. das Gespräch mit Leuten, die ihren Hund ausführen. Lohnenswert ist auch ein Besuch in einem Zoofachgeschäft.

Kommunikation
Kooperation
Problemlösung
Selbst- und Fremdwahrnehmung
Orientierung
Empathie
Kreativität
Sinneswahrnehmung
Sensibilität für andere Lebenswelten
Berufliche Orientierung

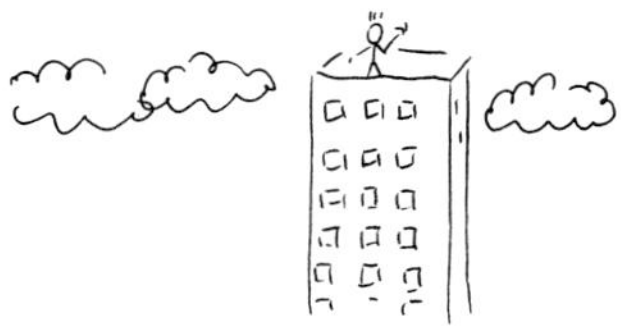

Höhenrausch

Besonders geeignet als → Gruppenaufgabe / Einzelaufgabe

Zeit → 1–1,5 Stunden

Material → Kameras

Aufgabenstellung → Welches ist der höchste Punkt, den man in der Stadt erreichen kann? Versuche, möglichst hoch zu kommen, und schieße ein Beweisfoto!

Varianten / Ausbaumöglichkeiten → Verschiedene Aufgaben können zu einer Rallye verknüpft werden, z. B.:

- Welches ist die Fläche mit den meisten Bäumen?
- Welches ist die meistfrequentierte Straßenkreuzung?
- In welcher Straße ist die Dichte an Cafés am höchsten?

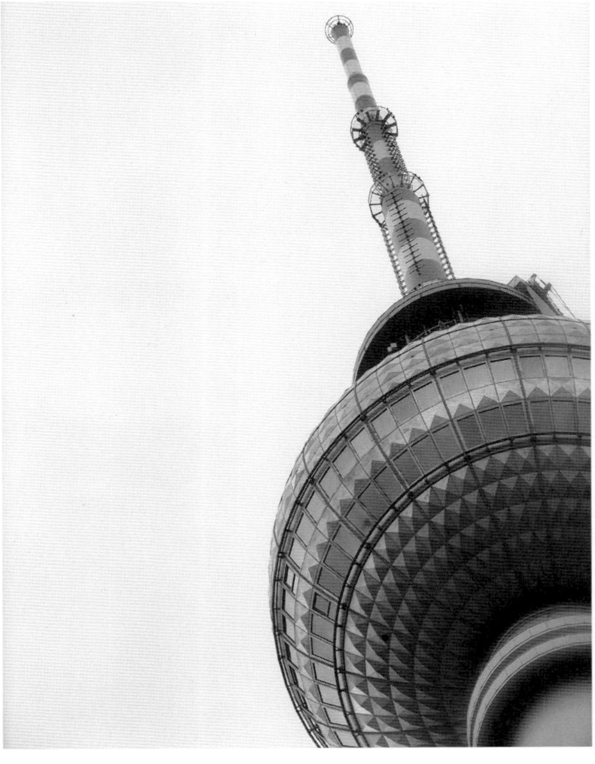

Kommunikation
Kooperation
Problemlösung
Selbst- und Fremdwahrnehmung
Orientierung
Empathie
Kreativität
Sinneswahrnehmung
Sensibilität für andere Lebenswelten
Berufliche Orientierung

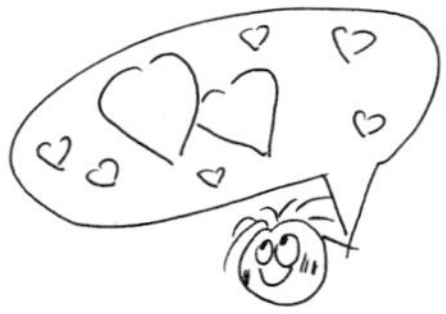

Ich liebe dich!

Besonders geeignet als → Einzelaufgabe

Zeit → 1 Stunde

Material → Papier, Stifte, Kamera, eventuell Aufnahmegerät

Aufgabenstellung → Sammle den Satz „Ich liebe dich" in möglichst vielen verschiedenen Sprachen. Bitte hierfür die Menschen in der Stadt um Unterstützung.

Varianten / Ausbaumöglichkeiten → „Ich liebe dich" ist etwas sehr Nettes. Denkbar ist z. B. aber auch, möglichst viele Schimpfworte in verschiedenen Sprachen zu sammeln oder möglichst viele Nationalgerichte aus verschiedenen Ländern. Die Beiträge können entweder schriftlich gesammelt oder mit einem Aufnahmegerät aufgezeichnet werden.

Kommunikation
Kooperation
Problemlösung
Selbst- und Fremdwahrnehmung
Orientierung
Empathie
Kreativität
Sinneswahrnehmung
Sensibilität für andere Lebenswelten
Berufliche Orientierung

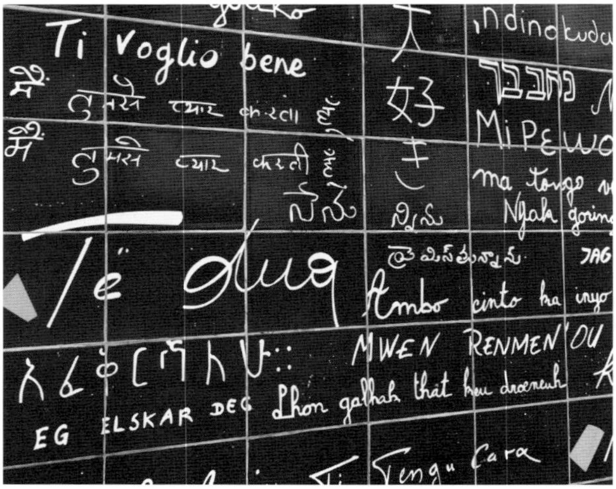

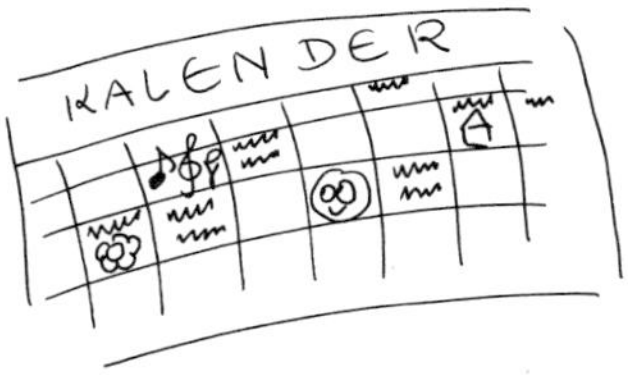

Jahreskalender

Besonders geeignet als → Gruppenaufgabe

Zeit → 2 Stunden

Material → Stellwand, großer Wandkalender, Stifte

Aufgabenstellung → Findet Passanten, die einen Beitrag zur Erstellung eines Jahreskalenders leisten. Dafür sollen sie ein für sie bedeutsames Ereignis unter dem entsprechenden Datum im Kalender eintragen, z. B. den Geburtstag eines Freundes, die Silberhochzeit, einen geplanten Konzertbesuch oder den Urlaub. So entsteht ein Kalender der Menschen in der Stadt. Am Ende sollen alle Tage im Jahr gefüllt sein.

Varianten / Ausbaumöglichkeiten →

- Erstellt einen Fotokalender mit Fotos von beteiligten Passanten, eventuell mit ihren Signaturen oder Statements.
- Lasst Passanten themenbezogene Daten eintragen, z. B.: Ereignisse der Weltgeschichte, wichtige Daten in der Historie der Stadt oder religiöse Festtage.

Kommunikation
Kooperation
Problemlösung
Selbst- und Fremdwahrnehmung
Orientierung
Empathie
Kreativität
Sinneswahrnehmung
Sensibilität für andere Lebenswelten
Berufliche Orientierung

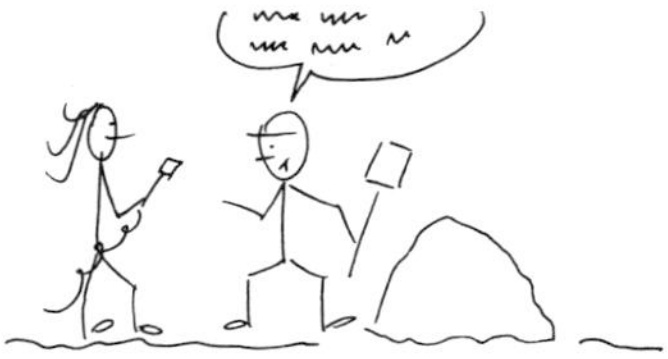

Jobhunter

Besonders geeignet als → Gruppenaufgabe / Einzelaufgabe

Zeit → 1–2 Stunden

Material → Papier, Stifte, Kameras

Aufgabenstellung → Fotografiere fünf Berufsgruppen bei ihrer täglichen Arbeit. Führe ein kurzes Interview mit ihnen (z. B. darüber, wie sie zu diesem Beruf gekommen sind; welche Voraussetzungen notwendig sind, um diesen Beruf ergreifen zu können; wie ihr persönlicher Lebenslauf aussieht) und notiere dir die Ergebnisse.

Varianten / Ausbaumöglichkeite →

- Mindestens zwei Personen sollten in Führungspositionen tätig sein.
- Es werden Berufe bzw. Berufsfelder vorgeben, z. B.: ein Handwerker, ein Arbeitnehmer, der ein Büro hat, einer aus dem Einzelhandel oder ein Arbeitnehmer, der draußen arbeitet.

Kommunikation
Kooperation
Problemlösung
Selbst- und Fremdwahrnehmung
Orientierung
Empathie
Kreativität
Sinneswahrnehmung
Sensibilität für andere Lebenswelten
Berufliche Orientierung

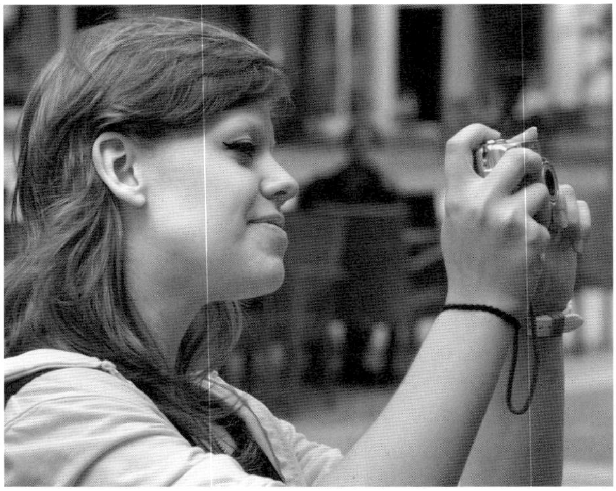

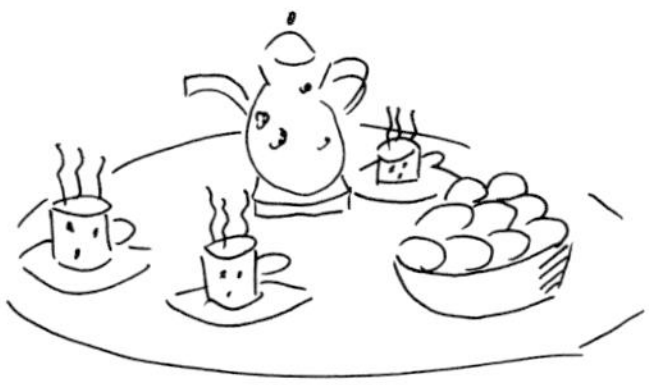

Kaffeeklatsch

Besonders geeignet als → Gruppenaufgabe

Zeit → 2 Stunden

Material → Kaffee, Tee, Zucker, Milch, Tassen oder Becher, Tische, Tischdecken, Kerzen, Gebäck, Kuchen, Schlagsahne, Besteck, Teller

Aufgabenstellung → Veranstaltet einen Kaffeeklatsch an einem zentralen Ort. Baut Tische auf, dekoriert sie, bereitet alles für ein großes Kaffeetrinken mit Passanten vor. Ladet anschließend Passanten zum Kaffeeklatsch ein und nutzt die Gelegenheit, um mit ihnen ins Gespräch zu kommen.

Varianten / Ausbaumöglichkeiten →

- Der Kaffeeklatsch kann natürlich unter ein „Motto" gestellt werden. Dazu mit der Gruppe ein Thema erarbeiten, das sie gerade beschäftigt.
- Der Kaffeeklatsch kann auch für eine bestimmte Zielgruppe organisiert werden, z. B. für Kinder, Senioren, Obdachlose.
- Erheblich schwieriger wird es, wenn die Teilnehmer zunächst das komplette Material für die Aktion organisieren müssen (Kooperation mit Cafés / Restaurants usw.)

Kommunikation
Kooperation
Problemlösung
Selbst- und Fremdwahrnehmung
Orientierung
Empathie
Kreativität
Sinneswahrnehmung
Sensibilität für andere Lebenswelten
Berufliche Orientierung

Hinweis

Die Größe der Aktion und damit den Aufwand für die Vorbereitungen unbedingt auf die Möglichkeiten der Gruppe abstimmen. Vom einfachen Kaffeeausschank bis hin zum komplett gedeckten und dekorierten Tisch sind für jede Gruppe unterschiedliche Schwierigkeitsgrade denkbar.

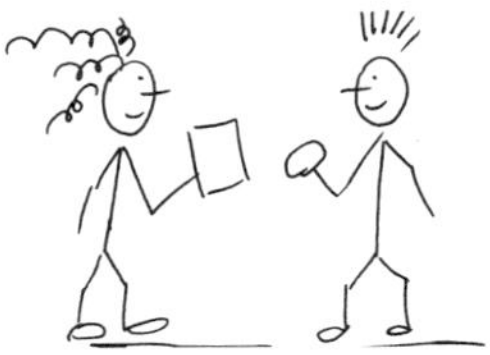

Kartoffeltausch

Besonders geeignet als → Einzelaufgabe

Zeit → 30–45 Minuten

Material → 1 Kartoffel pro Teilnehmer

Aufgabenstellung → Tausche eine Kartoffel so lange gegen etwas Höherwertiges, bis du mit dem Ergebnis zufrieden bist.

Varianten / Ausbaumöglichkeiten → Das Ergebnis kann auch vorgegeben werden:
Aus einer Kartoffel soll im Verlauf der Tauschaktion ein Kilo Äpfel, ein Kakao mit Sahne, ein Fußball, ein Buch o. Ä. werden.

Kommunikation
Kooperation
Problemlösung
Selbst- und Fremdwahrnehmung
Orientierung
Empathie
Kreativität
Sinneswahrnehmung
Sensibilität für andere Lebenswelten
Berufliche Orientierung

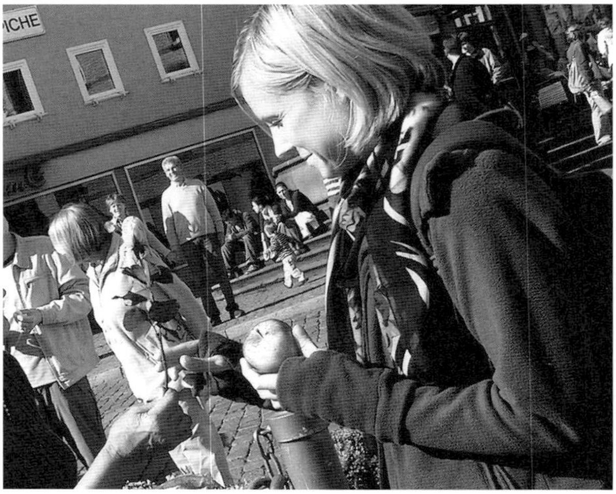

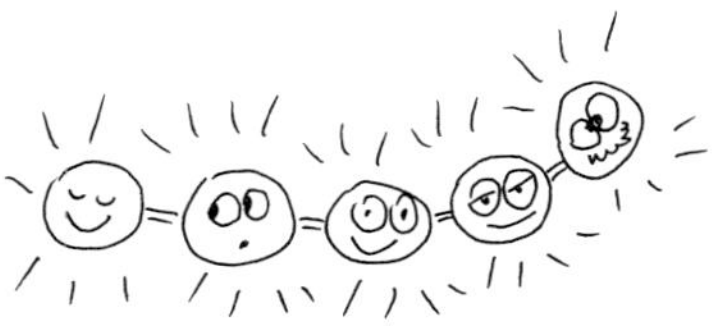

Lichterkette

Besonders geeignet als → Gruppenaufgabe

Zeit → 1–2 Stunden

Material → Grabkerzen oder Wunderkerzen

Aufgabenstellung → Überredet so viele Leute wie möglich, bei einer Lichterkette mitzuwirken. Sucht dafür einen schönen Ort aus (z. B. über eine Brücke oder auf einem belebten Platz).

Varianten / Ausbaumöglichkeiten →

- Einen thematischen Schwerpunkt setzen: Verbindet die Lichterkette mit einem Thema, einem Motto, z. B. zu einem aktuellen politischen Geschehen;
- die Anzahl der Mitwirkenden vorgeben, z. B. mindestens 50 Personen;
- eine menschliche Lichterkette bilden, die die Kirche / den Stadtbrunnen / das Denkmal umschließt.

Hinweis

Für die Durchführung sind natürlich die Abend- bzw. Nachtzeiten geeignet. Auf Sicherheit achten. Es sollte ein Feuerlöscher mitgenommen werden. Darauf achten, dass die Aktion an einem sicheren Ort stattfindet, nicht bei Trockenheit im Stadtpark oder in der Nähe einer Tankstelle. Überlegenswert wäre, die Feuerwehr einzuladen, sich an der Aktion zu beteiligen.
Empfehlenswert ist, vorher auszuprobieren, ob die Kerzen an dem ausgewählten Ort wirklich auch über längere Zeit brennen. Auf Brücken kann es beispielsweise zu windig sein. Alternativ: Wunderkerzen einsetzen.

Kommunikation
Kooperation
Problemlösung
Selbst- und Fremdwahrnehmung
Orientierung
Empathie
Kreativität
Sinneswahrnehmung
Sensibilität für andere Lebenswelten
Berufliche Orientierung

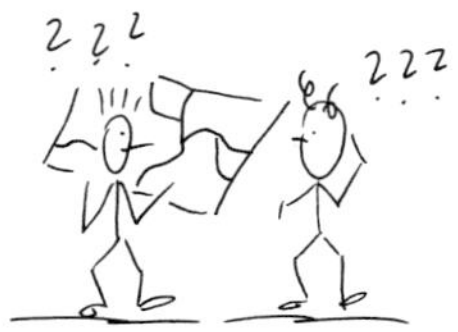

Lückenfüller

Besonders geeignet als → Gruppenaufgabe, hier: Fünfergruppen

Zeit → 1–2 Stunden

Material → Stifte, Stadtpläne oder Stadtplanauszüge, in denen markante Ortsbezeichnungen herausgeschnitten wurden. Die lückenhaften Stadtpläne werden auf einen weißen Hintergrund geklebt, sodass sie von den Teilnehmern ergänzt werden können.

Aufgabenstellung → Euer Stadtplan hat Löcher! Findet heraus, welche Straßennamen, Plätze, Sehenswürdigkeiten u. Ä. hier fehlen. Lasst euch von Passanten helfen und erforscht die genaue Bezeichnung der Örtlichkeiten. Zeichnet die fehlenden Orte in den Stadtplan ein. Stellt eure Ergebnisse anschließend im Plenum vor.

Varianten / Ausbaumöglichkeiten → Macht an jeder gefundenen Örtlichkeit ein möglichst originelles Foto von eurer Gruppe. Die Gruppenfotos werden später genutzt, um den fertigen Stadtplan zu illustrieren. So entsteht ein sehr kreativer und individueller Stadtplan, der gleichzeitig als nette Erinnerung mitgenommen werden kann.

Kommunikation
Kooperation
Problemlösung
Selbst- und Fremdwahrnehmung
Orientierung
Empathie
Kreativität
Sinneswahrnehmung
Sensibilität für andere Lebenswelten
Berufliche Orientierung

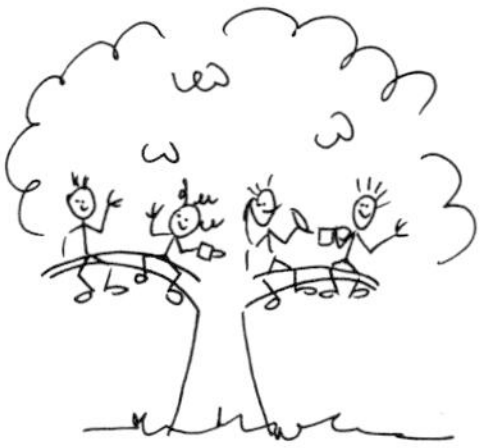

Mahl mal anders

Besonders geeignet als → Gruppenaufgabe

Zeit → 1–2 Stunden

Material → Alles, was zu einer Mahlzeit auch sonst auf dem Tisch steht

Aufgabenstellung → Nehmt eine komplette Mahlzeit an einem ungewöhnlichen Ort ein. Deckt euren „Tisch" z. B. an einem öffentlichen Brunnen, an einer Rutschbahn auf einem Spielplatz, an einer Treppe vor dem Bahnhof. Erst, wenn alle da sind und der Tisch gedeckt ist, kann das Mahl beginnen. Alles, was zu einem gedeckten Tisch dazugehört, muss hierher transportiert werden.

Hinweis

Je ausgefallener der Ort, desto aufregender wird die Aufgabe: Picknick im Büro des Bürgermeisters, auf einem Denkmal, in einer Umkleidekabine, auf einem Baum im Stadtpark. An einigen Orten ist auf eine vorherige Absprache bzw. Genehmigung zu achten.

Kommunikation
Kooperation
Problemlösung
Selbst- und Fremdwahrnehmung
Orientierung
Empathie
Kreativität
Sinneswahrnehmung
Sensibilität für andere Lebenswelten
Berufliche Orientierung

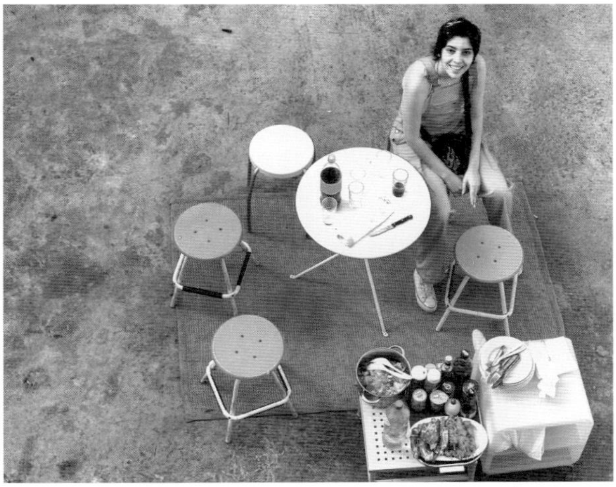

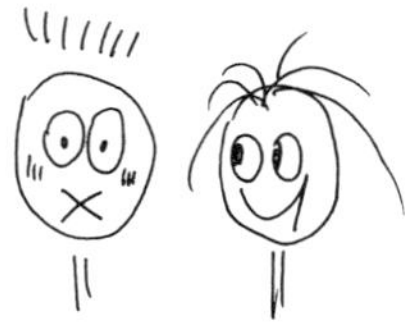

Pantomime

Besonders geeignet als → Einzelaufgabe

Zeit → 1 Stunde

Material → keines

Aufgabenstellung → Einen Kaffee bestellen, einen Sehtest machen, etwas kaufen und anschließend wieder umtauschen: Versuche, eine solche Aufgabe schweigend zu erledigen. Suche dir selbst eine Aufgabe aus, die dich fordert!

Starthilfe → Um die Hemmschwelle bei dieser Aufgabe etwas zu senken, ist es hilfreich, bereits in der Vorbereitung Pantomime-Aufgaben auszuprobieren. Beispielsweise können die Teilnehmer im Seminarraum pantomimisch ihre Hobbys oder einfache Begriffe darstellen. Hierbei wird auch schnell sichtbar, wie hoch die Anforderung für die Einzelnen ist.

Kommunikation
Kooperation
Problemlösung
Selbst- und Fremdwahrnehmung
Orientierung
Empathie
Kreativität
Sinneswahrnehmung
Sensibilität für andere Lebenswelten
Berufliche Orientierung

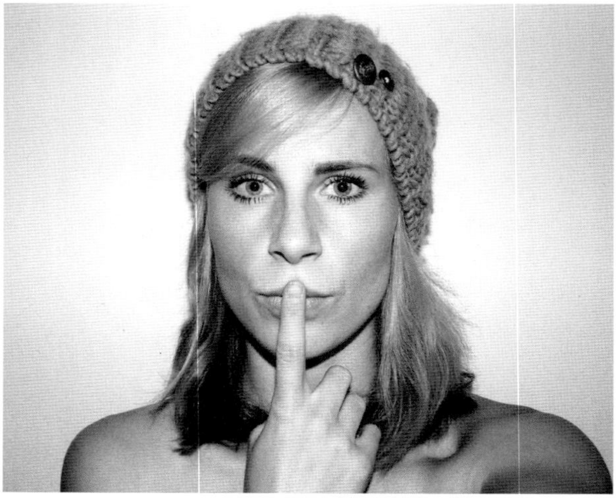

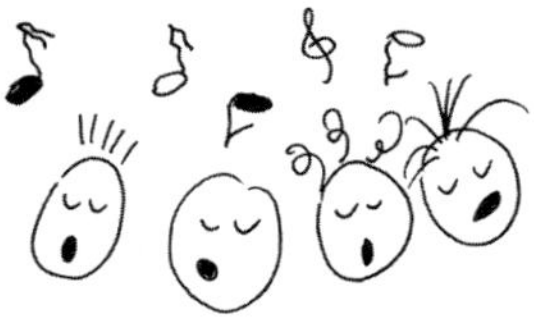

Passantenchor

Besonders geeignet als → Gruppenaufgabe

Zeit → 1 Stunde

Material → Verschiedene Liedtexte zur Auswahl

Aufgabenstellung → Findet mindestens 20 fremde Menschen, die mit euch gemeinsam ein Lied singen.

Varianten / Ausbaumöglichkeiten → Legt Kriterien für die Zusammensetzung des Chors fest, z.B. nur Männer, nur Frauen, nur Leute, die Anzüge tragen, nur Jugendliche.

Hinweis
Es sollten verschiedene Texte zur Auswahl stehen, die auch wirklich einer breiten Öffentlichkeit bekannt sind, z.B. ein bekanntes Volkslied, ein Popsong, ein Schlager.

Kommunikation
Kooperation
Problemlösung
Selbst- und Fremdwahrnehmung
Orientierung
Empathie
Kreativität
Sinneswahrnehmung
Sensibilität für andere Lebenswelten
Berufliche Orientierung

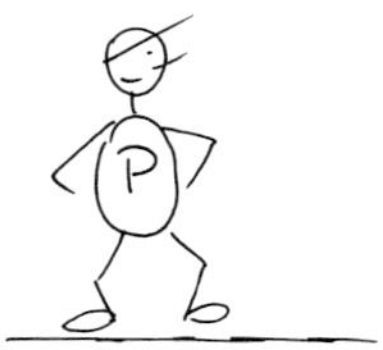

Praktikum für 30 Minuten

Besonders geeignet als → Einzelaufgabe

Zeit → 1–1,5 Stunden

Material → Praktikumsbescheinigung (siehe Anhang, Seite 162)

Aufgabenstellung → Suche nach einer Möglichkeit, für 30 Minuten ein Praktikum zu absolvieren. Sammle möglichst viele Informationen über diesen Beruf. Überzeuge den Chef davon, dir im Anschluss an deinen Einsatz eine Praktikumsbescheinigung auszustellen.

Varianten / Ausbaumöglichkeiten → Wird der Aufgabe eine Internetrecherche und / oder ein Telefontraining vorgeschaltet, so wird sie für die berufliche Orientierung gehaltvoller. Zur Vorbereitung benennen die Teilnehmer jeweils mindestens einen Beruf, den sie sich für ihre Zukunft wirklich vorstellen können. Unter Zuhilfenahme von Internet, Telefonbüchern und / oder den Gelben Seiten recherchieren sie, wo es in der Stadt entsprechende Betriebe gibt. Anschließend fragen sie telefonisch nach einem Praktikumsplatz für 30 Minuten. Die Telefonate sollten sorgfältig vor- und nachbereitet werden.
Hierbei können mit der Gruppe Ideen gesammelt werden:

- was den ersten Eindruck am Telefon ausmacht,
- welche Fragen während des Telefonates beantwortet werden sollten,
- wie man ein Gespräch am besten beginnt und beendet,
- wie man sein Anliegen gut präsentieren kann, usw.

In der Nachbereitung werden (konstruktive) Feedbacks und Verbesserungsmöglichkeiten zusammengetragen. So kann jeder Teilnehmer allmählich sicherer werden.

Kommunikation
Kooperation
Problemlösung
Selbst- und Fremdwahrnehmung
Orientierung
Empathie
Kreativität
Sinneswahrnehmung
Sensibilität für andere Lebenswelten
Berufliche Orientierung

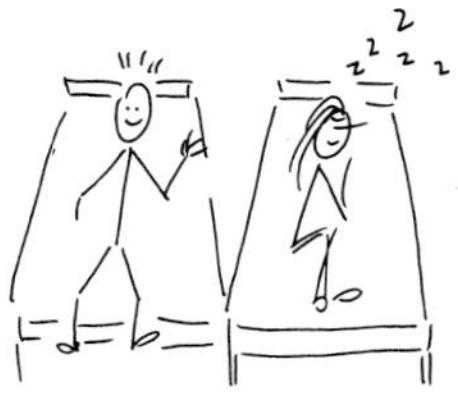

Probeliegen

Besonders geeignet als → Einzelaufgabe

Zeit → 1 Stunde

Material → keines

Aufgabenstellung → Teste mindestens ein Bett im entsprechenden Fachhandel. Finde einen Verkäufer, der mit dir den Liegekomfort ausprobiert.

Starthilfe → Geht im Zweierteam los. Lasst euch ausführlich bei der Wahl des richtigen Bettes beraten. Welche Matratze ist die beste? Auf was ist beim Lattenrost zu achten? Probiert schließlich aus, wie es sich im neuen Bett liegt.

Kommunikation
Kooperation
Problemlösung
Selbst- und Fremdwahrnehmung
Orientierung
Empathie
Kreativität
Sinneswahrnehmung
Sensibilität für andere Lebenswelten
Berufliche Orientierung

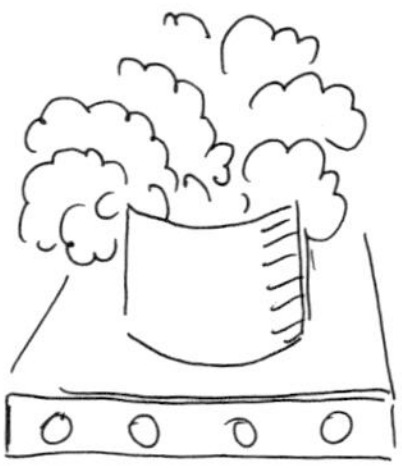

Pudding kochen

Besonders geeignet als → Gruppenaufgabe / Einzelaufgabe

Zeit → 1–1,5 Stunden

Material → 1 Päckchen Puddingpulver pro Teilnehmer oder pro Gruppe

Aufgabenstellung → Bereite aus dem Puddingpulver einen fertigen Pudding zu. Wie du das machst, bleibt deiner Fantasie überlassen.

Varianten / Ausbaumöglichkeiten → Diese Aufgabe funktioniert auch mit einem Ei, einer einzelnen Spaghetti-Nudel oder einer Fertigmahlzeit, die mit heißem Wasser angerührt wird und in fünf Minuten essbar ist:

- Das rohe Ei soll in gekochtem Zustand zurückgebracht,
- die Fertigmahlzeit mit heißem Wasser angerührt und
- die Spaghetti-Nudel mit einem Knoten versehen werden.

Hinweis

Der Pudding ist meist anspruchsvoller zuzubereiten, da hierfür auch Milch und ein Gefäß organisiert werden müssen.

Kommunikation
Kooperation
Problemlösung
Selbst- und Fremdwahrnehmung
Orientierung
Empathie
Kreativität
Sinneswahrnehmung
Sensibilität für andere Lebenswelten
Berufliche Orientierung

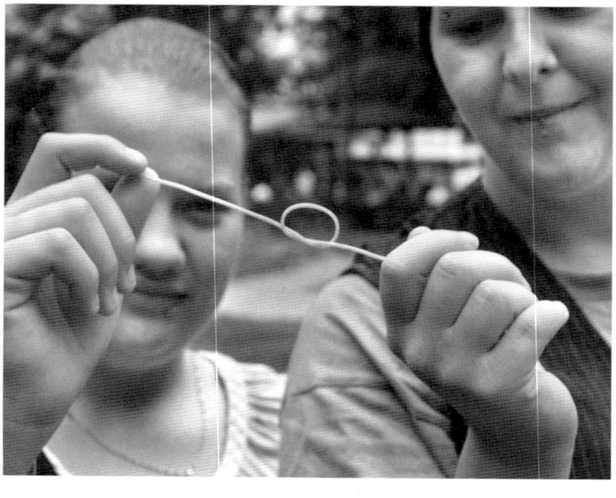

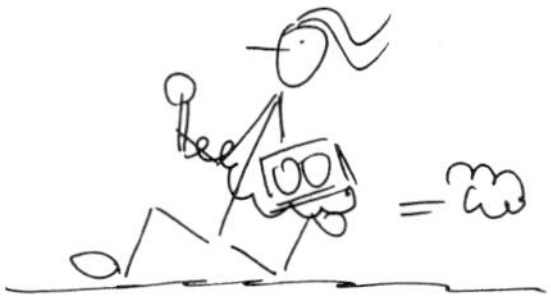

Rasender Reporter

Besonders geeignet als → Gruppenaufgabe / Einzelaufgabe

Zeit → 1–1,5 Stunden

Material → Papier, Stifte, Beutel oder Tüte mit Kärtchen, auf denen mögliche Interviewthemen notiert sind, eventuell: Kamera, Diktiergerät oder Videokamera

Aufgabenstellung → Zieht ein Kärtchen mit einem Interviewthema aus dem Beutel. Überlegt euch mindestens fünf Fragen zu diesem Thema und notiert sie. Findet eine fremde Person, die bereit ist, das Interview mit euch zu führen. Dokumentiert eure Ergebnisse.

Varianten / Ausbaumöglichkeiten →

- Interviews rund um die Themen „Berufsorientierung", „Leben in Frankfurt" (oder in irgendeiner anderen Stadt), „Bundestagswahl", „Fußball-Weltmeisterschaft" o. Ä.;
- Spaßinterviews mit Themen wie „Kaninchenzucht", „Jugendsünden", „Schwarze Löcher" oder „Synchronschwimmen";
- selbst gewählte Themen: Erfindet ein Thema, zu dem ihr ein Interview / eine Umfrage durchführen möchtet. Entwickelt dazu passende Interviewfragen.

Kommunikation
Kooperation
Problemlösung
Selbst- und Fremdwahrnehmung
Orientierung
Empathie
Kreativität
Sinneswahrnehmung
Sensibilität für andere Lebenswelten
Berufliche Orientierung

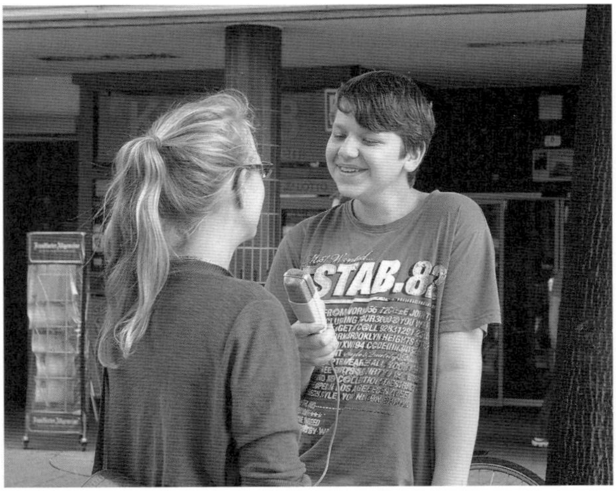

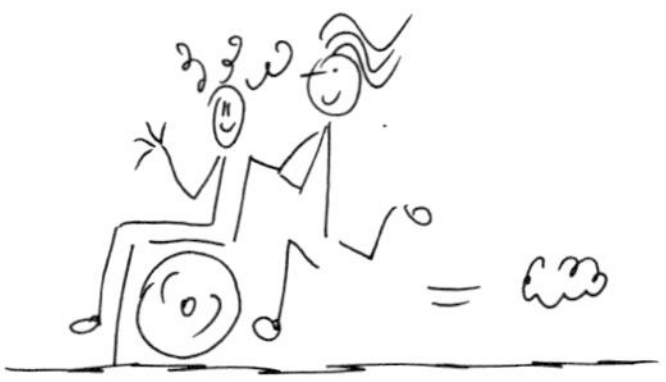

Rollstuhltour

Besonders geeignet als → Gruppenaufgabe, hier: Zweiergruppen

Zeit → 2–3 Stunden

Material → Rollstühle (Sanitätshäuser, Seniorenheime, Krankenhäuser o. Ä. anfragen), 1 Rollstuhl pro Zweierteam

Aufgabenstellung → Bewegt euch per Rollstuhl durch die Stadt. Versucht, mit dieser Einschränkung ganz normale Tätigkeiten zu bewerkstelligen. Beobachtet, wie die Menschen auf euch reagieren, welche Schwierigkeiten entstehen und welche neuen Erfahrungen ihr macht. Jeder sollte einmal Rollstuhlfahrer und einmal Begleiter sein.

Varianten / Ausbaumöglichkeiten → Den Teilnehmern werden bestimmte Aufgaben für ihre Rollstuhlfahrt gestellt, z. B. einmal eine Behindertentoilette benutzen, einmal Bus fahren, einmal Kleidung in einer Umkleidekabine anprobieren (und sich dabei beraten lassen).

Hinweis

Es muss sichergestellt sein, dass die Teilnehmer das Projekt ernst nehmen. Gegebenenfalls vorher die Lebenswelt behinderter Menschen thematisieren und die Teilnehmer hierfür sensibilisieren. Diese dürfen keinesfalls an öffentlichen Orten die Rollen wechseln!

Kommunikation
Kooperation
Problemlösung
Selbst- und Fremdwahrnehmung
Orientierung
Empathie
Kreativität
Sinneswahrnehmung
Sensibilität für andere Lebenswelten
Berufliche Orientierung

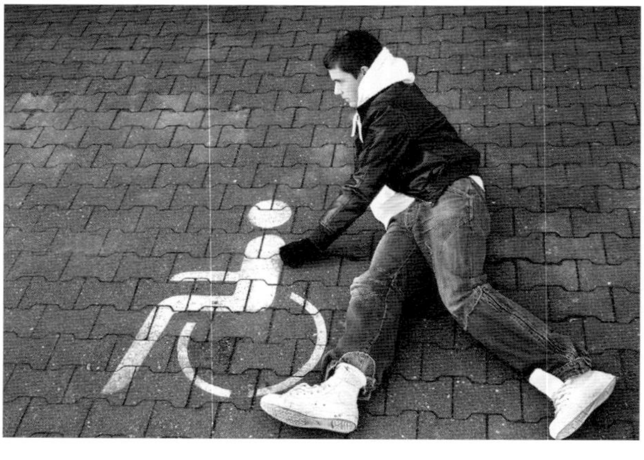

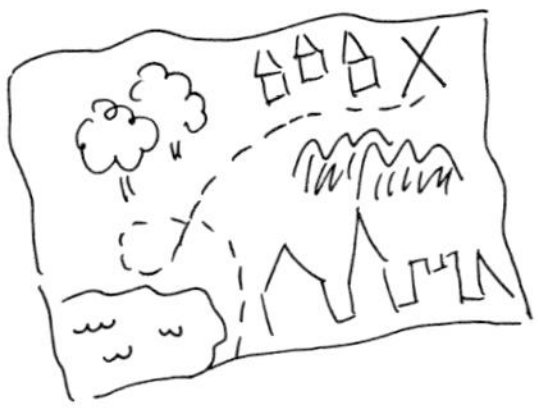

Schatzsuche

Besonders geeignet als → Gruppenaufgabe

Zeit → Je nach Strecke

Material → Karte und Kompass oder GPS-Gerät, versteckte Schätze

Aufgabenstellung → An verschiedenen Orten in der Stadt sind „Schätze" versteckt. Findet diese mithilfe einer Karte und eines Kompasses oder, wenn ihr die GPS-Koordinaten der Schätze habt, mit einem GPS-Gerät.

Varianten / Ausbaumöglichkeiten →

- Um von einer Stelle / Koordinate zur nächsten zu kommen, können kleine Rätsel gelöst werden. Das Lösungswort ergibt jeweils den nächsten Ort / die nächste Koordinate.
- „Schatzsuche" ist als Kooperationsaufgabe in der Gesamtgruppe oder als Rallye in zwei Gruppen spielbar. Dabei können zwei unterschiedliche Rallyestrecken die Gruppen am gleichen Zielpunkt vereinen.

Hinweis
Es ist wichtig, vor der „Schatzsuche" geeignete Stellen in der Stadt zu finden, an denen die „Schätze" nicht sofort von anderen Personen gefunden werden. Fertigen Sie genaue Beschreibungen der Fundstellen an und lassen Sie die Strecke zur Sicherheit vorher von einer Testperson ablaufen.

Kommunikation
Kooperation
Problemlösung
Selbst- und Fremdwahrnehmung
Orientierung
Empathie
Kreativität
Sinneswahrnehmung
Sensibilität für andere Lebenswelten
Berufliche Orientierung

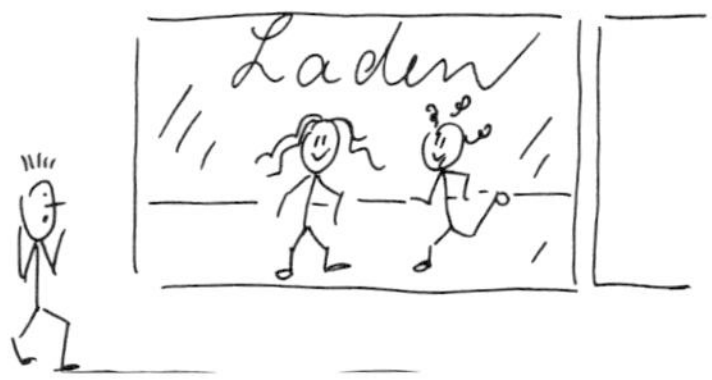

Schaufensterpuppe

Besonders geeignet als → Einzelaufgabe

Zeit → 45 Minuten

Material → keines

Aufgabenstellung → Stelle dich in einem Geschäft deiner Wahl mindestens 15 Minuten lang als Schaufensterpuppe zur Verfügung.

Varianten / Ausbaumöglichkeiten → Spannend wird es natürlich, wenn die „Puppe" zum Leben erwacht. Versuche, mit den Menschen, die vorbeilaufen, in Kontakt zu treten, z. B. durch Zublinzeln, Winken oder einladende Handbewegungen.

Kommunikation
Kooperation
Problemlösung
Selbst- und Fremdwahrnehmung
Orientierung
Empathie
Kreativität
Sinneswahrnehmung
Sensibilität für andere Lebenswelten
Berufliche Orientierung

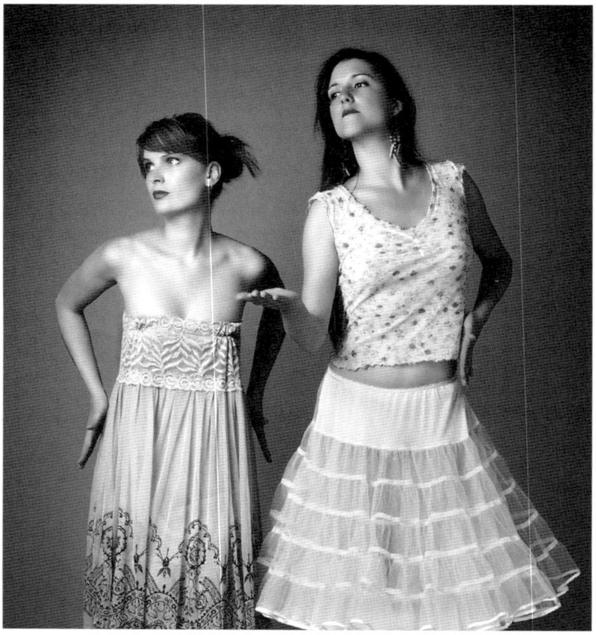

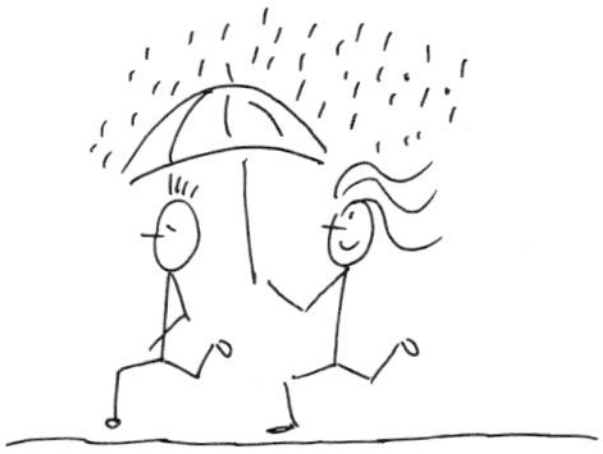

Schirmträger

Besonders geeignet als → Einzelaufgabe

Zeit → 30–45 Minuten

Material → Regenschirm

Aufgabenstellung → Begleite jemanden ein Stück seines Weges mit einem Schirm und schütze ihn somit gegen Regen, Sonne oder Wind. Versuche, dabei mit ihm ins Gespräch zu kommen.

Starthilfe → Ein Small Talk mit einem völlig fremden Menschen kann natürlich eher zäh verlaufen. Zur Vorbereitung ist es gut, sich einige Fragen oder auch ein Gesprächsthema zurechtzulegen. Denkbar sind Fragen zur Stadt, zur Biografie, zu Erfahrungen aus der Schulzeit o. Ä. Auch hier sind der Fantasie keine Grenzen gesetzt.

Kommunikation
Kooperation
Problemlösung
Selbst- und Fremdwahrnehmung
Orientierung
Empathie
Kreativität
Sinneswahrnehmung
Sensibilität für andere Lebenswelten
Berufliche Orientierung

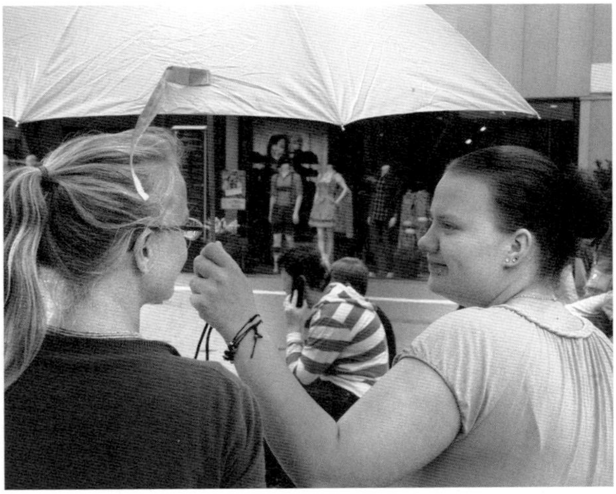

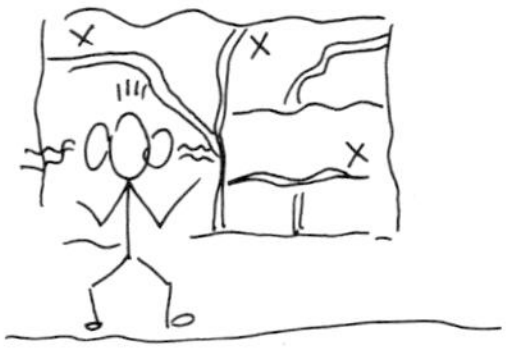

Stadtgeräusche-Karte

Besonders geeignet als → Einzelaufgabe

Zeit → 30 Minuten

Material → Papier, Stifte

Aufgabenstellung → Suche dir einen Ort in der Stadt aus. Zeichne dann ein Kreuz auf das Papier, um damit deinen Standpunkt zu markieren. Lausche jetzt den Geräuschen in deiner Umgebung und versuche, deren Abstand zu deinem Standort abzuschätzen. Zeichne alle Geräusche möglichst genau in deine Geräuschekarte ein. Versuche, so viele einzelne Eindrücke wie möglich zu sammeln, und stelle deine Geräuschekarte anschließend in der Gruppe vor.

Varianten / Ausbaumöglichkeiten → Fokussierung auf Naturgeräusche, menschliche Stimmen, Maschinengeräusche o. Ä.

Kommunikation
Kooperation
Problemlösung
Selbst- und Fremdwahrnehmung
Orientierung
Empathie
Kreativität
Sinneswahrnehmung
Sensibilität für andere Lebenswelten
Berufliche Orientierung

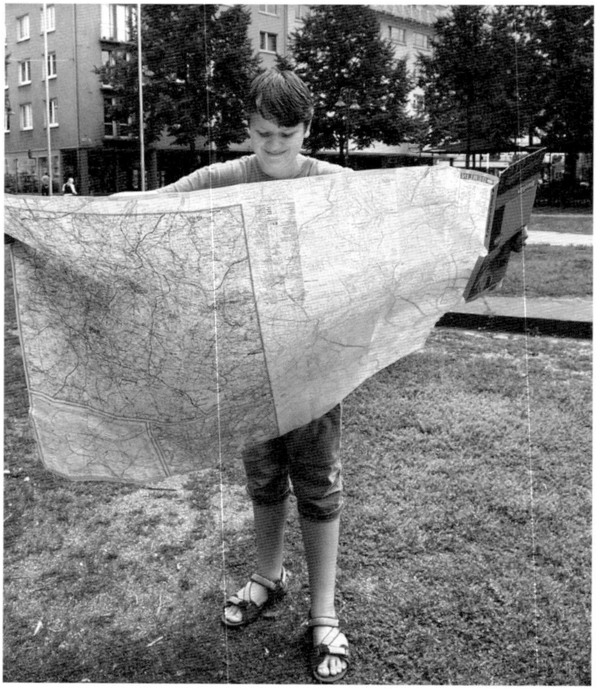

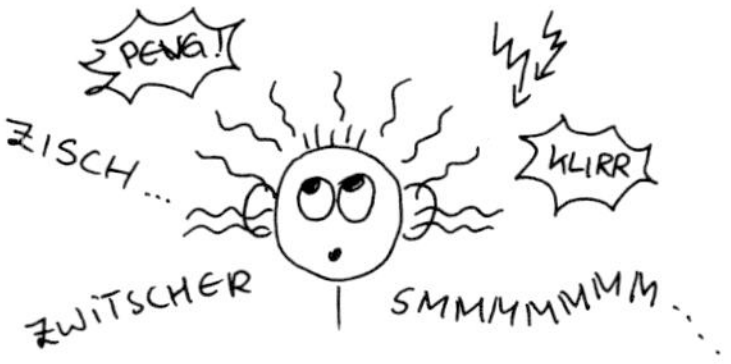

Stadtplan der Sinne

Besonders geeignet als → Gruppenaufgabe / Einzelaufgabe

Zeit → 1 Stunde

Material → Papier, Stifte, schwarz-weiß kopierter Stadtplan mit farbig markierter Wegstrecke

Aufgabenstellung → Entwickelt einen Stadtplan, der mit einem Sinn verknüpft ist, z. B. einen akustischen Stadtplan. Lauft hierzu die auf dem Stadtplan markierte Strecke ab und achtet auf akustische Eindrücke wie Kirchenglocken, Durchsagen auf Bahnhöfen oder andere Verkehrs- oder Naturgeräusche. Überlegt euch, wie sich diese Eindrücke zeichnerisch in den Stadtplan einfügen lassen. So könnte ein kleines Megafon für eine Durchsage stehen, ein Kreuz für Kirchenglocken oder ein Auto für Verkehrslärm.

Varianten / Ausbaumöglichkeiten → Entsprechend der fünf Sinne lässt sich so auch ein optischer, olfaktorischer, gustatorischer oder haptischer Stadtplan erstellen. Natürlich können auch andere Kriterien als die fünf Sinne vorgegeben werden, z. B. Einkaufsmöglichkeiten, Beratungsstellen oder Angebote für Jugendliche.

Hinweis

Vorher die Strecken unbedingt selbst ablaufen und überprüfen. Die fünf Sinne mit den Teilnehmern besprechen: Sehen (optisch), Hören (akustisch), Riechen (olfaktorisch), Schmecken (gustatorisch), Tasten (haptisch).

Kommunikation
Kooperation
Problemlösung
Selbst- und Fremdwahrnehmung
Orientierung
Empathie
Kreativität
Sinneswahrnehmung
Sensibilität für andere Lebenswelten
Berufliche Orientierung

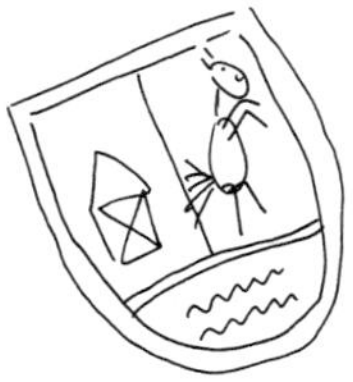

Stadtwappen

Besonders geeignet als → Gruppenaufgabe / Einzelaufgabe

Zeit → 1 Stunde

Material → Große Papierbögen, Stifte

Aufgabenstellung → Versucht, ein Wappen mit charakteristischen Merkmalen der Stadt zu zeichnen. Bittet hierfür Passanten, jeweils eine Sache in das Wappen einzuzeichnen. Lasst euch von den Menschen erklären, was ihr Beitrag darstellt und warum er aus ihrer Sicht wichtig für euer Stadtwappen ist.

Varianten / Ausbaumöglichkeiten → Neben den klassischen Informationen über berühmte Bauwerke oder historische Persönlichkeiten ist es auch spannend, die individuelle Sicht der Menschen auf ihre Stadt zu erfahren. Fragen wie: „Warum leben Sie hier?", „Was ist für Sie der schönste Ort in der Stadt?" oder: „Was ist Ihnen an der Stadt wichtig?" geben den Gesprächen mehr Tiefe.

Kommunikation
Kooperation
Problemlösung
Selbst- und Fremdwahrnehmung
Orientierung
Empathie
Kreativität
Sinneswahrnehmung
Sensibilität für andere Lebenswelten
Berufliche Orientierung

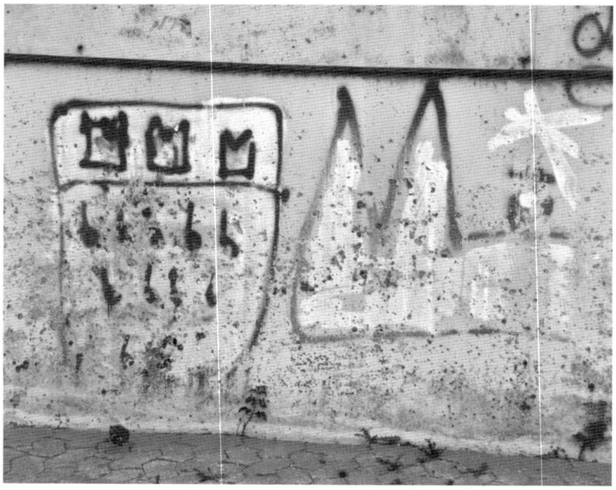

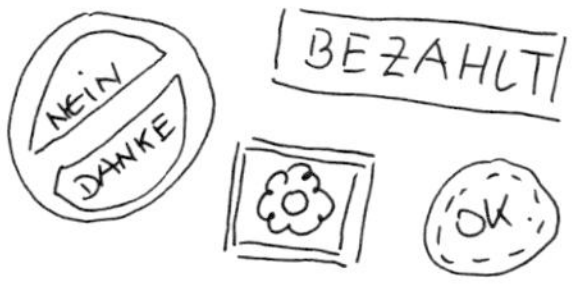

Stempeljagd

Besonders geeignet als → Gruppenaufgabe, hier: Dreiergruppen

Zeit → 1 Stunde

Material → Schreibblock oder einzelne Blätter Papier

Aufgabenstellung → Versucht, innerhalb der vorgegebenen Zeit so viele unterschiedliche Stempelabdrücke wie möglich zu sammeln.

Varianten / Ausbaumöglichkeiten →

- Mehrere kleinere Gruppen bilden, die gegeneinander antreten;
- thematische Zuordnung: So sammelt eine Gruppe z. B. Stempel von Behörden und Beratungsstellen, eine weitere Gruppe die von Eisdielen, Cafés und Restaurants und eine dritte Gruppe die von Kleidergeschäften.
- Nach der Aufgabe: Vorstellung im Plenum. Die Stationen, bei denen Stempel gesammelt wurden, können auch in einen Stadtplan eingetragen werden und sichern so eine erste Orientierung in der Stadt.

Kommunikation
Kooperation
Problemlösung
Selbst- und Fremdwahrnehmung
Orientierung
Empathie
Kreativität
Sinneswahrnehmung
Sensibilität für andere Lebenswelten
Berufliche Orientierung

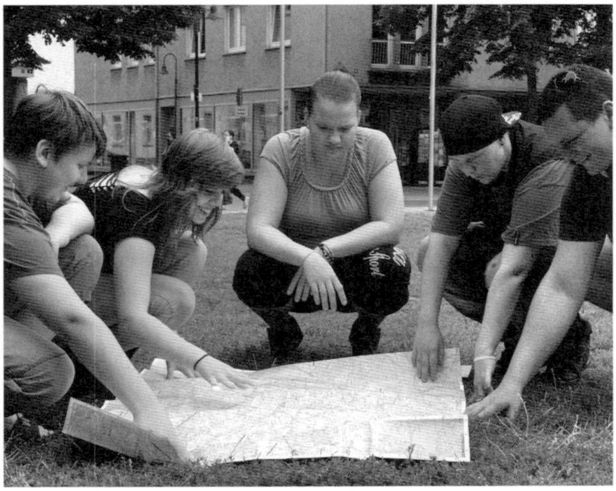

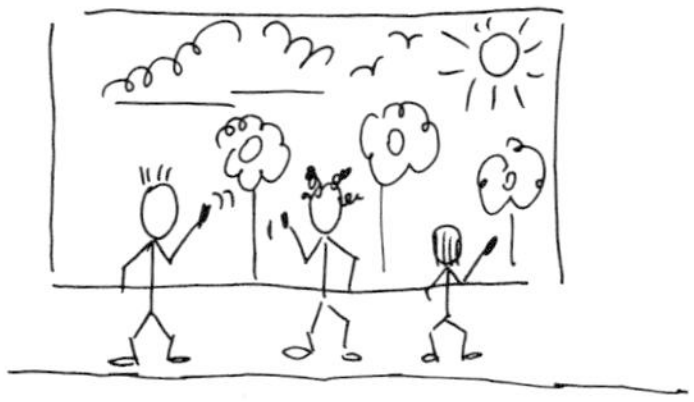

Straßenkünstler

Besonders geeignet als → Gruppenaufgabe

Zeit → 1–2 Stunden

Material → Kreide oder Papierbögen und Stifte

Aufgabenstellung → Malt mit Passanten zusammen ein Bild. Jeder sollte etwas dazu beitragen, um das „Werk" zu vollenden.

Varianten / Ausbaumöglichkeiten →

- Setzt einen thematischen Schwerpunkt.
- Je nach Wetter werden Kreidebilder auf der Straße oder Bilder auf Papierbögen angefertigt.
- Nutzt eine Vorbereitungszeit von 30 Minuten, um einen Ort auszuwählen, Aufgaben in der Gruppe zu verteilen und euch auf ein Motiv oder Thema zu einigen.

Kommunikation
Kooperation
Problemlösung
Selbst- und Fremdwahrnehmung
Orientierung
Empathie
Kreativität
Sinneswahrnehmung
Sensibilität für andere Lebenswelten
Berufliche Orientierung

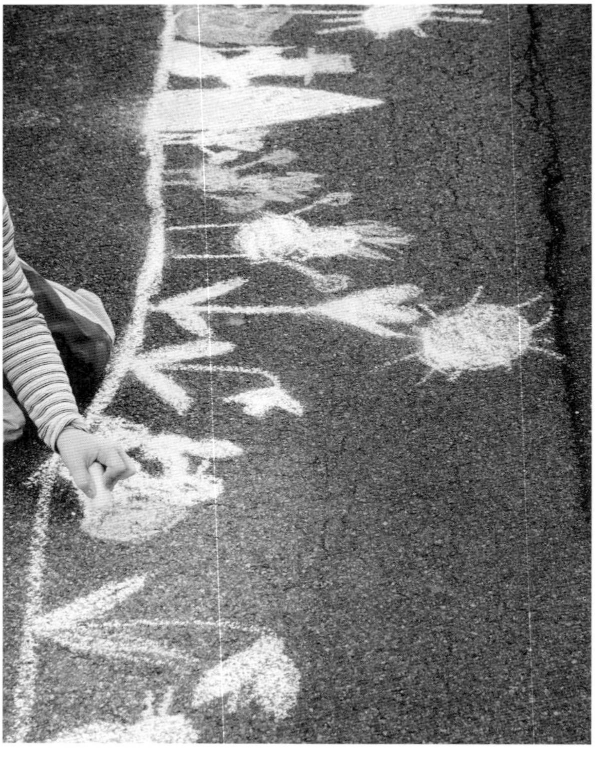

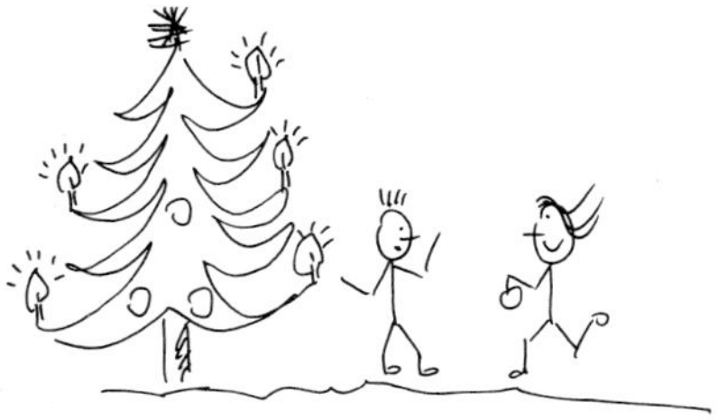

Tannenbaum to go

Besonders geeignet als → Gruppenaufgabe

Zeit → 1,5 Stunden

Material → 1 kleiner (tragbarer) Tannenbaum

Aufgabenstellung → Zieht mit dem Tannenbaum durch euren Stadtteil. Nehmt Kontakt zu Bewohnern und Geschäftsleuten auf und bittet sie, mit einem Gegenstand ihrer Wahl beim Schmücken des Tannenbaumes behilflich zu sein. Sucht euch anschließend einen geeigneten Platz, an dem der Tannenbaum aufgestellt bzw. eingegraben werden kann.

Varianten / Ausbaumöglichkeiten → Je nach Jahreszeit kann natürlich auch ein Maibaum oder ein Faschingswagen geschmückt werden.

Hinweis
Diese Aufgabe eignet sich sehr, um neue Begegnungen im Stadtteil zu schaffen. Durch das positive Anliegen, gemeinsam einen Weihnachtsbaum zu schmücken, entstehen neben einem tollen Ergebnis Begegnungen, die sich im Alltag so nicht ereignen würden.

Kommunikation
Kooperation
Problemlösung
Selbst- und Fremdwahrnehmung
Orientierung
Empathie
Kreativität
Sinneswahrnehmung
Sensibilität für andere Lebenswelten
Berufliche Orientierung

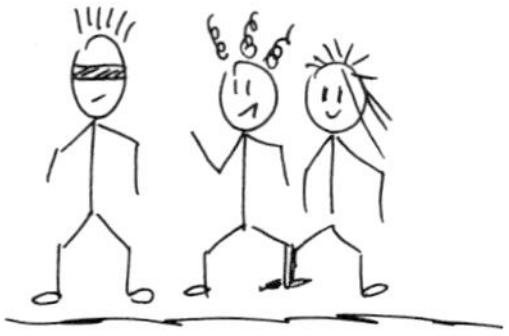

Teamwork-Rallye

Besonders geeignet als → Gruppenaufgabe, hier: Dreiergruppen

Zeit → 1 Stunde

Material → Augenbinden, kurze Seile

Aufgabenstellung → Jeder von euch wird nun mit einem Handicap ausgestattet. In jeder Dreiergruppe darf nur eine Person reden. Eine zweite erhält eine Augenbinde und agiert blind. Das dritte Gruppenmitglied ist mit einem Bein an ein Bein des „Redners" gebunden. Diese Handicaps bleiben im Verlauf der Aufgabe erhalten.

Erledigt nun schnellstmöglich gemeinsam folgende Aufgabenkette:

1. Kauft in einem Geschäft eurer Wahl eine Tüte Bonbons.
2. Fahrt eine Station mit der U-Bahn.
3. Geht in einem Restaurant einen Kaffee trinken.

Kommt anschließend zum Treffpunkt zurück.

Varianten / Ausbaumöglichkeiten →

- Die Rollen sollten, insbesondere bei längerer Spielzeit, getauscht werden können. Niemand ist gerne eine Stunde lang blind.
- „Teamwork-Rallye" kann im Wettbewerb (Welche Gruppe schafft es am schnellsten?) oder ohne Zeitdruck gespielt werden. Die Variante ohne Zeitdruck ermöglicht mehr Reflexion über Sinneswahrnehmung.

Hinweis

Unbedingt Sicherheitshinweise besprechen (Verletzungsgefahr!) und darauf achten, dass es wirklich allen gut geht. Die Gruppe auf einen respektvollen und umsichtigen Umgang miteinander hinweisen.

Kommunikation
Kooperation
Problemlösung
Selbst- und Fremdwahrnehmung
Orientierung
Empathie
Kreativität
Sinneswahrnehmung
Sensibilität für andere Lebenswelten
Berufliche Orientierung

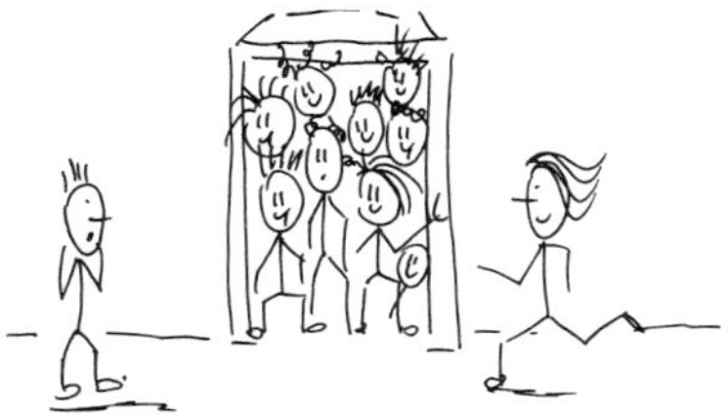

Telefonzelle

Besonders geeignet als → Gruppenaufgabe

Zeit → 1 Stunde

Material → Digitalkamera

Aufgabenstellung → Wie viele Leute passen in eine Telefonzelle? Überprüft dies am Objekt! Überredet Passanten, sich auf diesen Versuch einzulassen, und macht ein Foto von dem Ergebnis.

Hinweis
Natürlich muss vorher geprüft werden, ob / wo es in der Stadt noch Telefonzellen gibt. Wenn keine Telefonzelle verfügbar ist, kann mit Einverständnis der jeweils Verantwortlichen auch eine Umkleidekabine in einem Kaufhaus oder ein Taxi genutzt werden.
Achtung: Gemeinsam mit den Teilnehmern vorher einen „Sicherheitsbeauftragen" bestimmen. Dieser achtet durchgängig darauf, dass es allen Beteiligten gut geht. Durch ein lautes „STOP!" kann er die Aktion jederzeit beenden.

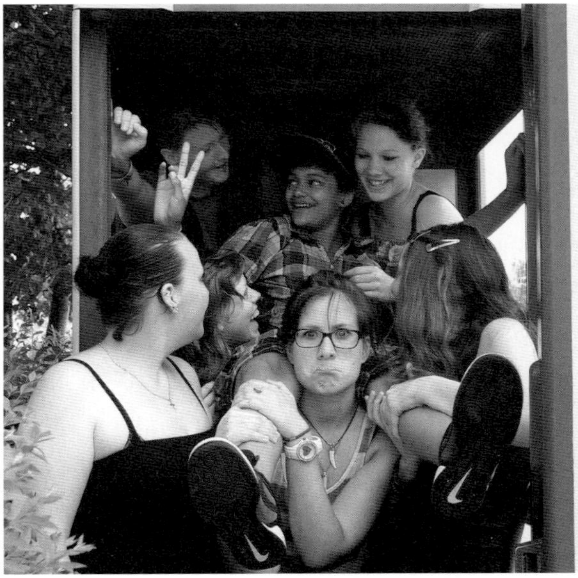

Kommunikation
Kooperation
Problemlösung
Selbst- und Fremdwahrnehmung
Orientierung
Empathie
Kreativität
Sinneswahrnehmung
Sensibilität für andere Lebenswelten
Berufliche Orientierung

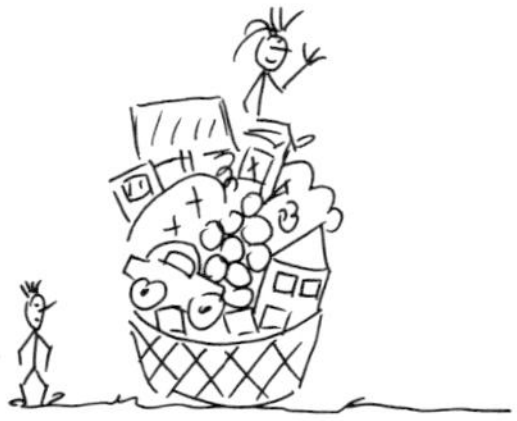

Warenkorb

Besonders geeignet als → Gruppenaufgabe / Einzelaufgabe

Zeit → 1 Stunde

Material → Liste mit Waren, Papier, Stifte

Aufgabenstellung → Recherchiert die Preise für die auf der Liste angegebenen Waren und Dienstleistungen.

Varianten / Ausbaumöglichkeiten →

- Erstellt themenspezifische Einkaufszettel, z. B. zu folgenden Themen: „Was kostet das Leben?“ oder: „Wie teuer ist ein Auto?“
- Befragt Passanten nach ihrem Konsumverhalten: Wofür geben sie im Alltag am meisten Geld aus?

Kommunikation
Kooperation
Problemlösung
Selbst- und Fremdwahrnehmung
Orientierung
Empathie
Kreativität
Sinneswahrnehmung
Sensibilität für andere Lebenswelten
Berufliche Orientierung

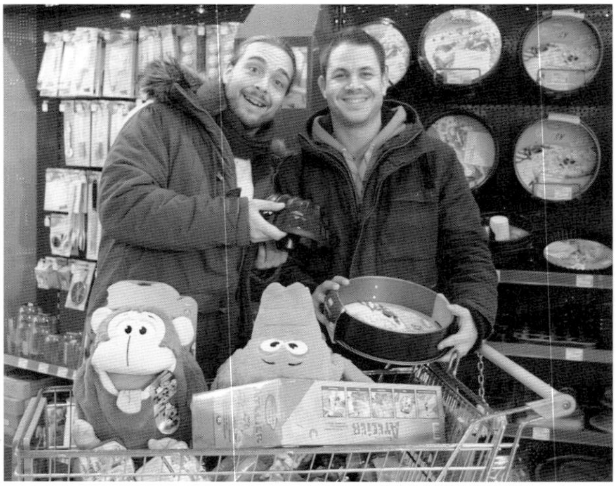

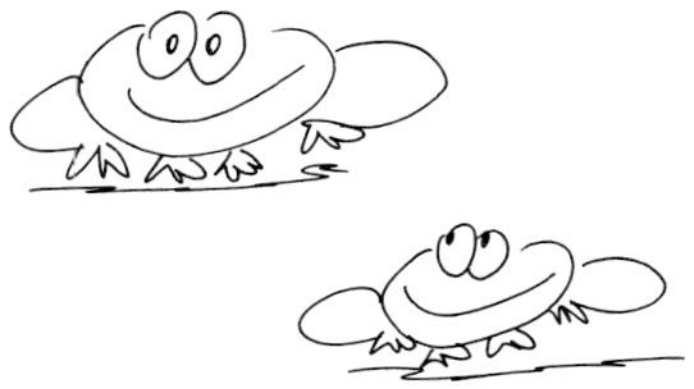

Wetterfrösche

Besonders geeignet als → Gruppenaufgabe / Einzelaufgabe

Zeit → 1 Stunde

Material → Große Plakate, Karten mit Wettersymbolen (Sonne, Blitz, Wolke, Regen, Sturm, Regenbogen usw.), Kleber

Aufgabenstellung → Erforscht die Befindlichkeit der Bewohner eures Stadtteils. Befragt Passanten, Bewohner und Geschäftsleute, wie es ihnen aktuell geht. Erkundigt euch nach den Hintergründen. Fragen wie: „Was war ausschlaggebend für Ihre heutige Stimmung?“, „Über was freuen Sie sich besonders?“, „Was ärgert Sie und was müssten Sie tun, damit es Ihnen gut geht?“, können dabei helfen. Lasst die Befragten ein ihrer Gemütslage entsprechendes Wettersymbol wählen und auf das Plakat kleben. So entsteht Schritt für Schritt eine Wetterkarte, die die Befindlichkeit in eurem Stadtteil symbolisiert.

Varianten / Ausbaumöglichkeiten → Diese Aufgabe eignet sich gut für die Arbeit in Kleingruppen. Ein buntes Gesamtbild entsteht, wenn jede Kleingruppe eine bestimmte Zielgruppe befragt. So könnte Gruppe A gezielt Senioren, Gruppe B Kinder, Gruppe C Jugendliche, Gruppe D Geschäftsleute usw. befragen. Auf diese Weise ergibt sich am Ende ein vielseitiger Wetterbericht aus dem Stadtteil. Als Präsentationsform können die Gruppen ihre Ergebnisse als Sequenzen einer Nachrichtensendung vortragen. Der Moderator stellt den aktuellen Wetterbericht vor und bezieht die Erfahrungsberichte aus der Befindlichkeitsforschung fachmännisch mit ein.

Kommunikation
Kooperation
Problemlösung
Selbst- und Fremdwahrnehmung
Orientierung
Empathie
Kreativität
Sinneswahrnehmung
Sensibilität für andere Lebenswelten
Berufliche Orientierung

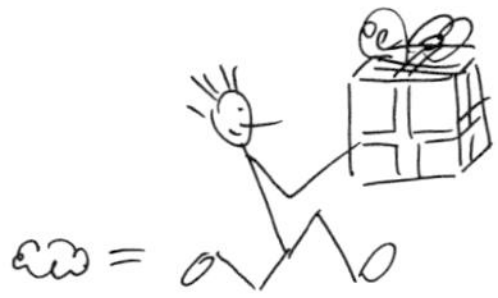

Wichteln

Besonders geeignet als → Einzelaufgabe

Zeit → 1 Stunde

Material → keines

Aufgabenstellung → Organisiert ein Geschenk, welches ihr zum gemeinsamen Wichteln in die Gruppe mitbringen könnt. Das Geschenk darf nicht gekauft (und nicht geklaut) werden.

Starthilfe → Fragt in Geschäften oder in Privathaushalten nach, ob ihr euch mit einer Dienstleistung (z. B. Müll rausbringen, leere Flaschen zum Container tragen, den Laden fegen, Regale einräumen) ein Wichtelgeschenk verdienen dürft.

Kommunikation
Kooperation
Problemlösung
Selbst- und Fremdwahrnehmung
Orientierung
Empathie
Kreativität
Sinneswahrnehmung
Sensibilität für andere Lebenswelten
Berufliche Orientierung

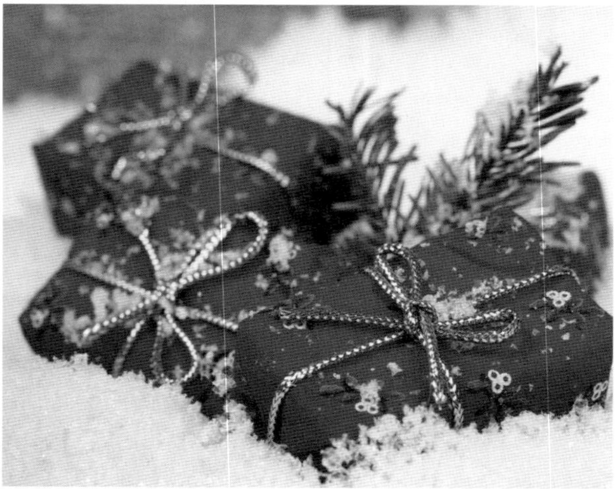

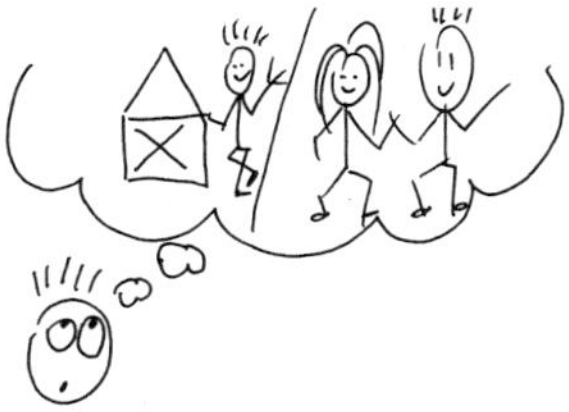

Wünsche

Besonders geeignet als → Gruppenaufgabe / Einzelaufgabe

Zeit → 1–2 Stunden

Material → Kamera

Aufgabenstellung → Mein Haus, mein Auto, mein Mann / meine Frau: Finde ein Haus, in dem du gerne wohnen möchtest, und fotografiere dich mit den Personen, die dort leben.
Finde ein Auto, welches du selbst gerne haben möchtest, und lass dich damit fotografieren.
Finde einen Mann / eine Frau, der / die dem Ideal deines Traummanns / deiner Traumfrau nahe kommt, und lass ein Foto von euch machen.

Varianten / Ausbaumöglichkeiten → Zur Vorbereitung eignet sich eine kreative Reflexionseinheit zum Thema „Mein Leben in zehn Jahren". Hierfür sollen die Teilnehmer im Rahmen eines Bildes oder eines Brainstormings sammeln, wie ihr Leben in zehn Jahren aussehen könnte. Welchen Beruf üben sie aus? Wie sieht ihr Alltag aus? Leben sie allein, mit Familie oder in einer Wohngemeinschaft? Haben sie ein Haus oder eine Wohnung? Wie viel Geld verdienen sie und wofür geben sie es aus?

Kommunikation
Kooperation
Problemlösung
Selbst- und Fremdwahrnehmung
Orientierung
Empathie
Kreativität
Sinneswahrnehmung
Sensibilität für andere Lebenswelten
Berufliche Orientierung

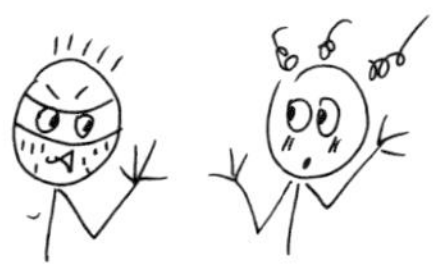

Rollenspiel: Mr. X

Verfolgungsjagd im Frankfurter Untergrund

Besonders geeignet als → Gruppenaufgabe

Zeit → 1,5–3 Stunden

Material → Jede Gruppe braucht mindestens 1 Mobiltelefon mit Guthaben, pro Teilnehmer 1 U- und S-Bahn-Plan der Stadt Frankfurt und 1 Regelkarte, Gruppentagestickets für U- und S-Bahnen, mehrere Plüschhandschellen

Einleitung → Die Ermittlungsbehörden sind ratlos. Seit Monaten verzeichnen sie Diebstähle und Betrugsfälle eines Verbrechers, dessen Identität ein Rätsel ist. Die Presse informierte bereits über den sogenannten Mr. X, der Profi in seiner Sache zu sein scheint und die Polizei durch seine geschickte und schnelle Flucht an der Nase herumführt.
Nun wurde ein Detektivbüro eingeschaltet, das durch den Einsatz zahlreicher Mitarbeiter die Suche nach Mr. X erfolgreich zu Ende bringen soll.

Spielverlauf → Die Gruppe wird in Teams aufgeteilt, die Teilnehmer werden den Teams per Losverfahren zugeordnet. Das Team „Mr. X" sollte aus zwei bis vier Personen bestehen. Die restlichen Spieler werden in Detektivteams (mit maximal fünf Personen) eingeteilt.

Kommunikation
Kooperation
Problemlösung
Selbst- und Fremdwahrnehmung
Orientierung
Empathie
Kreativität
Sinneswahrnehmung
Sensibilität für andere Lebenswelten
Berufliche Orientierung

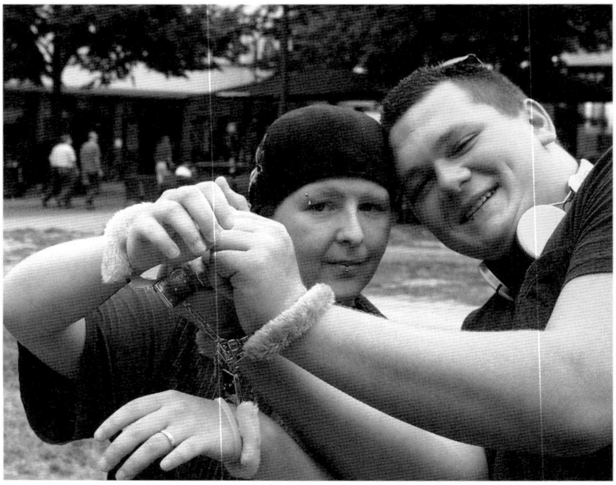

In der Vorbereitung werden den Teilnehmern sorgfältig die Regeln erklärt und die Materialien ausgehändigt. Die Handhabung des Frankfurter U- und S-Bahn-Plans (der hier stellvertretend für die U- und S-Bahn-Pläne jeder anderen Stadt steht) wird besprochen. Jede Gruppe wählt einen Sprecher, der die Aufgabe hat, während der Aktion im Austausch mit der „Zentrale" (Spielleitung) zu stehen und insbesondere Telefonate entgegenzunehmen. Die Detektivteams erhalten Handschellen, um Mr. X verhaften zu können. Spielziel ist es, Mr. X auf seiner Flucht durch das Frankfurter U- und S-Bahnnetz zu fassen. Dabei sind die Grenzen des Spielgebietes und die Regeln zu beachten (siehe auch Regelkarten im Anhang):

- Es dürfen nur U- und S-Bahnen benutzt werden.
- Beim Umsteigen muss immer die nächstmögliche Verbindung genutzt werden.
- Mr. X muss sich immer im vorderen Zug- / Bahnabteil aufhalten.
- Die Grenzen des Spielgebietes bilden die S6 im Westen, die S6 bis Berkersheim im Norden, die Endstationen der U4 und U7 im Osten und der Main im Süden.
- Mr. X beginnt seine Flucht mit zehn Minuten Vorsprung. In der Zwischenzeit können sich die Detektivteams untereinander absprechen. Nach Ablauf der zehn Minuten dürfen die Detektive die Verfolgung aufnehmen. Nach weiteren fünf Minuten erkundigt sich die Zentrale telefonisch das erste Mal nach dem Standort von Mr. X. Dieser gibt seine Position, bestehend aus der Linie sowie dem aktuellen – bzw. dem nächsten – Halt durch (z. B. Linie U6 auf der Höhe „Zoo"). Die Zentrale leitet diese Information umgehend an die Detektivteams weiter. Weder Mr. X noch die Detektive erhalten dabei Informationen über den Standort der anderen Detektivteams. Konstant alle zehn Minuten gibt die Zentrale nun die aktuelle Position von Mr. X an die Detektive weiter.

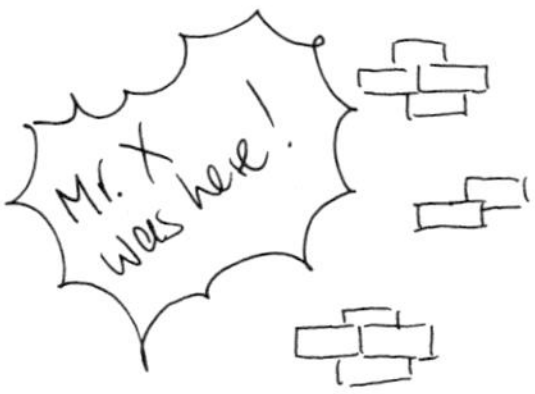

Das Spiel endet entweder, indem Mr. X gefangen wird, oder nach einer vorher vereinbarten Zeitspanne am vereinbarten Ort (z. B. spätestens um 14:00 Uhr an der „Konstabler Wache", Haupteingang Karstadt) – hier kann Mr. X nicht mehr gefangen werden und hat damit seine Mission erfüllt. Um Mr. X zu fangen, genügt es nicht, ihn zu sehen (z. B. am Gleis gegenüber), sondern er muss abgeschlagen und „verhaftet" werden. In diesem Fall melden die Detektive das Ende der Jagd und bringen Mr. X zum vereinbarten Treffpunkt.

Checkliste für die Vorbereitung

- Einen geeigneten Start- und Endpunkt wählen;
- Gruppen bilden;
- in jeder Gruppe Sprecher wählen lassen;
- Handynummern einholen und den Teilnehmern die eigene Handynummer zwecks Erreichbarkeit geben;
- Fahrscheine verteilen;
- Frankfurter U- und S-Bahn-Pläne mit Regeln und eingezeichnetem Spielgebiet aushändigen;
- die Handhabung des U- und S-Bahn-Planes besprechen;
- Regeln erklären (hier in der Übersicht):
  1. Ziel: Mr. X verhaften und zur U-Bahn-Station „Konstabler Wache" bringen.
  2. Nur U- und S-Bahnen benutzen.
  3. Mr. X darf sich nur im ersten Zugabschnitt aufhalten.
  4. Beim Umsteigen nimmt er immer die nächstmögliche Verbindung.
  5. Die Grenzen des Spielgebietes sind zu beachten (auf dem Plan zeigen):
     Westen = S6 (darf noch genutzt werden)
     Norden = S6 bis Berkersheim
     Süden = der Main
     Osten = Endstationen der U4 und U7
  6. Die Zentrale erfragt alle zehn Minuten den Standort von Mr. X (Ort und Linie / nur Ort) und leitet diese Info sofort an die Detektivteams weiter.
  7. Ein Detektivteam erhält keine Info über den Standort der anderen Detektivteams.
  8. Spielende:
     Entweder Mr. X wurde gefasst und zur „Konstabler Wache", Haupteingang Karstadt, gebracht. In diesem Fall bitte kurze Meldung an die Spielleitung. Oder Treffpunkt zu einer vorgegebenen Uhrzeit an der „Konstabler Wache", Haupteingang Karstadt.
  9. Es genügt nicht, Mr. X zu sehen. Er muss verhaftet und abgeführt werden (Handschellen).
- Sicherheitsregeln (je nach Gruppe):
  1. Nie die Gleise betreten!
  2. In den eingeteilten Gruppen zusammenbleiben.
  3. Aufeinander achten!
  4. Bei Unfällen / Komplikationen Spielleitung anrufen.
- Gibt es noch Fragen zum Ablauf oder zu den Regeln?
- Das Team Mr. X startet mit zehn Minuten Vorsprung. Die anderen Teams können die Zeit zur Beratung nutzen.

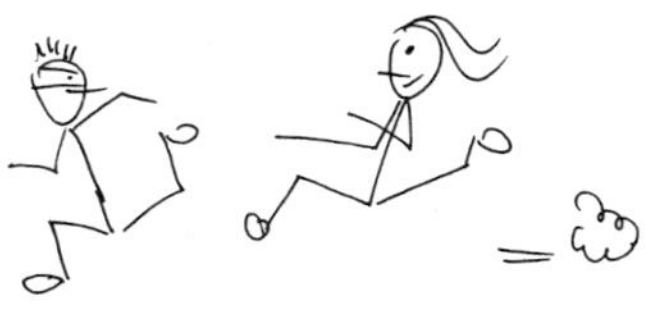

Varianten / Ausbaumöglichkeiten

- Die Spannung kann weiter erhöht werden, indem Mr. X seine Beute (z. B. einen Koffer mit einer „Belohnung" für die Gruppe, die ihn festsetzt) mit sich führt. So gilt es nicht nur, Mr. X zu verhaften, sondern auch, das Diebesgut sicherzustellen.
- Spieler und Spielleitung werden mit Kostümen, Detektivausweisen, Namensschildern u. Ä. ausgestattet. Ein Raum in der Stadt kann zur „Zentrale" umfunktioniert werden, in der die Leitung des Detektivbüros (Spielleitung) ihre Detektive in Empfang nimmt, die Mitarbeiter in ihre Arbeit einweist (Regeln erklären, Material aushändigen ...) und die anschließende Verfolgungsjagd koordiniert. In diesem Fall ist es günstig, wenn Mr. X separat in das Spiel eingeführt wird, sodass er den Detektiven gar nicht begegnet. Für die Suche können den Detektiven eventuell Fotos von Mr. X mitgegeben werden.
- Es können verschiedene Joker ins Spiel eingebracht werden, z. B.:
  1. der „Doppelstrecken-Joker": Er kann nur einmal von Mr. X gezogen werden und ermöglicht es diesem, einen doppelten Spielzug zu tätigen, in dem er einmal nicht seinen Standort bekannt geben muss. In diesem Falle meldet sich die Spielleitung erst nach 20 Minuten wieder bei Mr. X.
  2. der „Richtungsjoker": Dieser kann von jedem Detektivteam einmal gezogen werden. Mithilfe des Richtungsjokers wird den Detektiven zusätzlich zum Hinweis auf Linie und Haltestelle auch die Richtung mitgeteilt, in die Mr. X aktuell fährt.
  3. Die Jagd kann schwieriger / leichter gemacht werden, indem die Anzahl der Detektivteams erhöht / vermindert wird und / oder, indem die Informationen an die Detektivteams ausführlicher / knapper gehalten werden.
  4. Lässt man die Regel, beim Umsteigen immer die nächstmögliche Verbindung nehmen zu müssen, weg, wird das Spiel strategischer. Die Teams können sich dann gezielter Möglichkeiten überlegen, um Mr. X zu fangen.

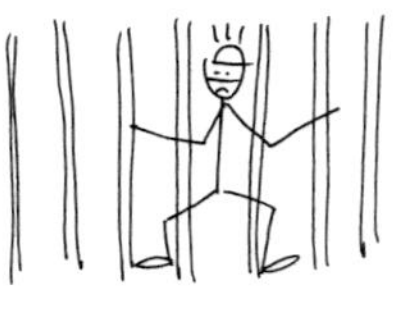

Spielmaterialien (siehe auch Download-Material)

1. Leitfaden für die Spielleitung

Startzeit Mr. X:

Startzeit der Detektivteams:

Treffen spätestens um: ____________ Uhr Treffpunkt: __________________________

	Namen:	Telefonnummer:
Team Mr. X		
Detektivteam 1		
Detektivteam 2		
Detektivteam 3		

Uhrzeit	Position Mr. X:	Benachrichtigung der Detektivteams:	Notizen
		Team 1 Team 2 Team 3 Team 4	

Uhrzeit	Position Mr. X:	Benachrichtigung der Detektivteams:	Notizen
		Team 1 Team 2 Team 3 Team 4	

Uhrzeit	Position Mr. X:	Benachrichtigung der Detektivteams:	Notizen
		Team 1 Team 2 Team 3 Team 4	

2. Regeln für die Detektive

- Ihr seid Detektive – findet Mr. X!
- Ihr dürft nur U- und S-Bahnen benutzen.
- Mr. X hält sich immer im ersten Zugabschnitt auf.
- Nehmt beim Umsteigen immer die nächstmögliche Verbindung.
- Haltet eure Handys griffbereit. Ihr werdet alle zehn Minuten angerufen und bekommt einen Hinweis über den Standort von Mr. X.
- Bleibt innerhalb der vorgegebenen Grenzen (auf dem U- und S-Bahn-Plan mit einem breiten grauen Streifen eingezeichnet):
  Grenze im Westen: S6
  Grenze im Norden: S6 bis Berkersheim
  Grenze im Süden: der Main
  Grenze im Osten: Endstation der U4 und U7
- Wenn ihr Mr. X gefangen habt, bringt ihn zur U-Bahn-Station „Konstabler Wache". Solltet ihr Mr. X nicht finden, seid zum vereinbarten Zeitpunkt an der „Konstabler Wache".

3. Regeln für Mr. X

- Du bist Mr. X – versuche, unentdeckt zu belieben!
- Du darfst nur U- und S-Bahnen benutzen.
- Halte dich immer im ersten Zugabschnitt auf.
- Nimm beim Umsteigen immer die nächstmögliche Verbindung.
- Halte dein Handy griffbereit. Du wirst alle zehn Minuten angerufen und nach deinem Standort gefragt.
- Bleibe innerhalb der vorgegebenen Grenzen (auf dem U- und S-Bahn-Plan mit einem breiten grauen Streifen eingezeichnet):
  Grenze im Westen: S6
  Grenze im Norden: S6 bis Berkersheim
  Grenze im Süden: der Main
  Grenze im Osten: Endstation der U4 und U7
- Solltest du nicht gefangen werden, sei zum vereinbarten Zeitpunkt an der „Konstabler Wache". Hier kannst du nicht mehr gefangen werden.

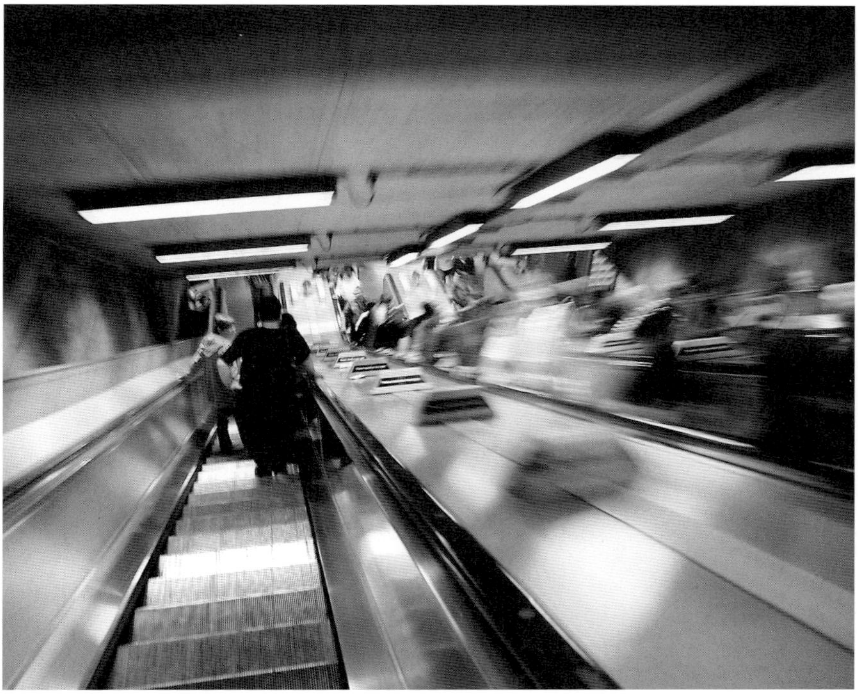

4. Frankfurter U- und S-Bahn-Plan

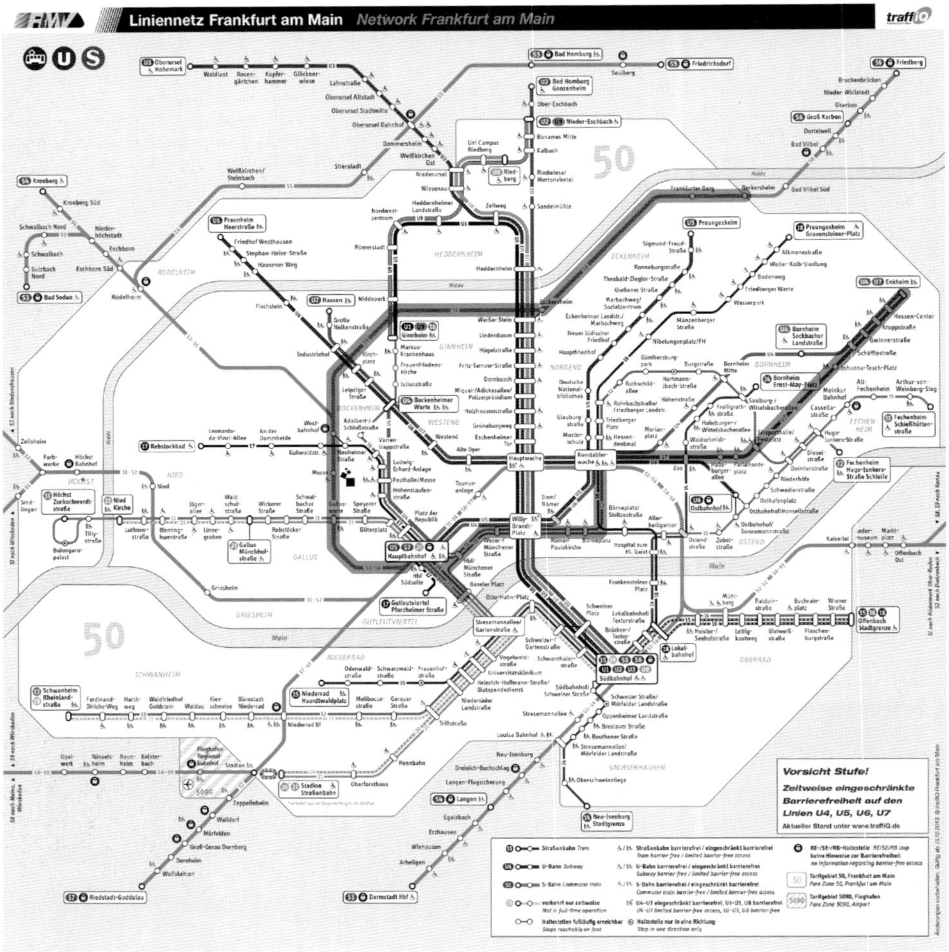

4 Reflexion und Transfer – das A und O von City-Bound-Programmen

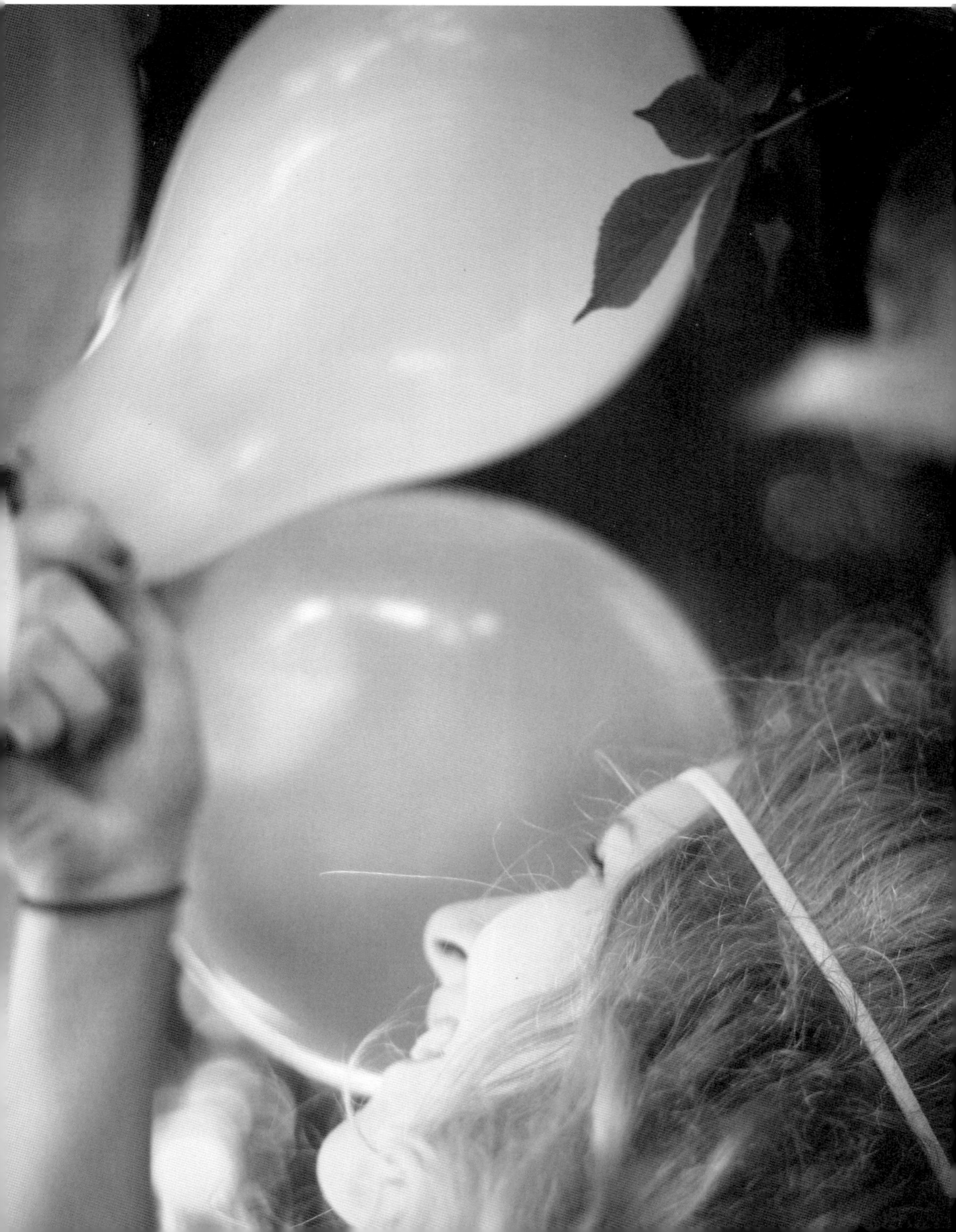

4.1 Phasen der Reflexion

City-Bound-Aufgaben sind kleine Abenteuer in der Stadt – und Abenteurer haben viel zu erzählen. Die Teilnehmer kommen meist mit einem großen Redebedarf von ihren Aufgaben wieder. Die Begegnung mit der Gruppe beginnt häufig mit dem Satz: „Wisst ihr, was mir gerade passiert ist?" Die Teilnehmer haben ungewöhnliche Situationen erlebt, sie sind in Begegnungen eingetaucht, ihre Welt wurde auf den Kopf gestellt. Klar, dass nach solchen Erlebnissen die Worte aus ihnen nur so heraussprudeln. Dieser Erzähldrang benötigt seinen Raum im Programmablauf.

Lernen geschieht durch Kopf, Herz und Hand. Davon waren schon Johann Heinrich Pestalozzi und die frühen Reformpädagogen überzeugt. Nachhaltige Reflexion besteht dementsprechend nicht nur aus Erzählen und Zuhören. Vielmehr sollte sie dem Weg vom Kopf übers Herz hin zur Hand folgen. Was bedeutet das? Die Reflexion gliedert sich in drei Phasen:

1. Phase – was sagt der Kopf?

In dieser Phase geht es um eine erste „Berichterstattung". Die Teilnehmer dürfen einfach drauflos reden. Neugier und Nachfragen seitens der Leitung sowie anderer Teilnehmer sind natürlich erwünscht. Schlüsselfragen sind dabei beispielsweise:

- Was hast du gemacht?
- Wie bist du vorgegangen?
- Wie sah dein erster / zweiter / dritter Versuch aus?
- Welche Strategie hattest du? Was war erfolgreich / nicht erfolgreich? Und warum?
- Welche Menschen / Orte / Situationen hast du dir ausgewählt?
- Wie haben andere Menschen auf dich reagiert?
- Was hast du wahrgenommen?

Das Erzählen spielt im Reflexionsprozess eine wichtige Rolle. Hier werden Eindrücke, Wahrnehmungen und Abläufe verbalisiert und somit subjektiv vorsortiert (vgl. CROWTHER 2005, Seite 108). Das Erzählen gibt Aufschluss darüber, welche Momente ein Teilnehmer als besonders intensiv erlebt hat und was er als besonders ungewöhnlich, aufregend, witzig oder herausfordernd empfand.

2. Phase – was sagt das Herz?

In dieser Phase werden Gefühle fokussiert. Es geht nun also um die subjektiven Bedeutungen, die hinter den Wahrnehmungen, Begegnungen und Erlebnissen stecken. Hier ergreift die Leitung die Gesprächsführung. Durch die Auswahl passender Reflexionsmethoden und gezielter Fragen ermöglicht sie den Teilnehmern, den Blick auf sich selbst zu richten und Gefühle zu benennen. In dieser Phase geht es also um Ich-Botschaften. Anstelle von Formulierungen wie: „Man kann …", „Die Gruppe ist …" oder „Vielleicht hätte jemand …" geht es nun um: „Was ich kann, was ich empfinde und was ich möchte."

Dieser Schritt benötigt Ruhe und Zeit. In der Hektik des städtischen Raumes ist diese Reflexionsphase daher nur schwer umsetzbar. Besser gelingt sie im Seminarraum oder in einer vergleichbar ruhigen Arbeitsatmosphäre.

Je nach Aufgabenstellung können verschiedene Bereiche beleuchtet werden, so z. B. das eigene Erleben, die Rolle in der Gruppe oder die Deutung von Fremdwahrnehmung. Hierbei sind folgende Schlüsselfragen denkbar:

Das eigene Erleben

- Was hat dir geholfen, die Aufgabe anzugehen / zu lösen?
- Was hat dir zu Beginn Sorgen bereitet? Worüber hast du nachgedacht?
- Was waren deine Erwartungen / Befürchtungen?
- Was hat dich motiviert / verunsichert?
- Inwiefern hast du etwas anders gemacht als üblich?
- Wie groß hast du zu Beginn deine Erfolgschancen eingeschätzt? Inwiefern hat sich deine Einschätzung im Laufe der Aufgabe verändert?
- Was hat dich besonders überrascht?
- Was war anders als sonst? Was war heute neu für dich?

Die Rolle in der Gruppe

- Wie hast du dich in der Gruppe gefühlt?
- Was schätzt du, wie viel Prozent du zur Lösung der Aufgabe beigetragen hast?
- Was genau hast du zur Lösung beigetragen?
- Angenommen, ihr würdet noch mal die gleiche Aufgabe bekommen – welche Wünsche hättest du an deine Gruppenkollegen?
- Hat dich die Gruppe eher gestützt oder gehemmt?
- Wie zufrieden bist du mit dem Gruppenergebnis?
- Was erwarten die anderen deiner Meinung nach von dir? Wie geht es dir mit diesen Erwartungen?
- Was schätzen die anderen deiner Meinung nach besonders an dir?

Deutung von Fremdwahrnehmung

- Was hat dein Gegenüber wohl gedacht, als du ihn angesprochen hast?

- Was ist ihm deiner Meinung nach besonders positiv aufgefallen?
- Wenn du das nächste Mal eine fremde Person ansprichst: Was machst du dann anders?
- Welche Reaktionen bzw. Rückmeldungen waren für dich bedeutsam? Was folgt für dich daraus?
- Wie reagieren im Alltag andere Menschen auf dich? Was war heute anders?

3. Phase – was bedeutet das für die Hand?
In dieser Phase geht es darum, den Prozess abzurunden. Hier wird der Transfer in den Alltag sichergestellt. Die Leitung unterstützt die Teilnehmer dabei, Schlüsse aus ihrem Handeln zu ziehen und diese auf künftige Alltagssituationen zu übertragen.
Schlüsselfragen für diese Phase können sein:

- Inwiefern können dir deine heutigen Eindrücke bei deiner Suche nach einem Praktikumsplatz helfen?
- Was wird dir das nächste Mal leichter fallen, wenn du auf fremde Menschen zugehen musst?
- Was hast du heute Neues über dich erfahren?
- Welche Bilder nimmst du dir mit nach Hause? In welcher Situation möchtest du dich wieder an eines der Bilder erinnern?
- Wenn du das nächste Mal mit anderen Menschen zusammenarbeiten sollst – was könntest du dann anders machen?
- Wenn du die gleiche Aufgabe nochmals bewältigen müsstest, was würde dann anders verlaufen?
- In welchen Situationen musst du:
  ... dich in der Stadt ebenfalls gut zurechtfinden?
  ... auch gut in einer Gruppe zusammenarbeiten?
  ... dich noch gut darstellen können?
  ... noch andere Menschen von einer Idee überzeugen?
  ... ebenfalls durchhalten und nicht so schnell aufgeben? Was fällt dir ein? An was könntest du dich dann erinnern? Was könntest du dann anders machen als sonst?

In unseren bisherigen Seminaren haben wir die Erfahrung gemacht, dass es unheimlich schwierig ist, ausgiebige und nachhaltige Reflexionen in das Programm einzubetten. Passende Zeitfenster für Aufgaben und Reflexionseinheiten einzuplanen, ist anspruchsvoll. Das Zeitmanagement gerät häufig aus den Fugen. Gruppen verspäten sich, Aufgaben benötigen mehr Zeit als gedacht, die Gruppe wünscht sich noch einen zweiten Versuch, ein Wetterumschwung verlangt einen Ortswechsel – all das sind Dinge, die flexible Lösungen fordern. Nicht selten geht dies auf Kosten der Reflexion. Zudem bietet die Stadt nur wenig geeignete Orte für eine ruhige Gesprächsatmosphäre. Es ist laut und hektisch, die Teilnehmer sind abgelenkt und kommen schwer zur Ruhe. Obwohl eine ausführliche Auswertung unmittelbar nach einer Aufgabe sinnvoll wäre, sind im städtischen Umfeld in der Regel nur Erzählrunden oder Kurzreflexionen möglich. Um beiden Komponenten gerecht zu werden, haben wir im Folgenden sowohl eine Auswahl an Kurzreflexionsmethoden zusammengestellt, die sich problemlos in der Stadt umsetzen lassen, als auch Methoden zur tieferen Reflexion im Seminarraum. Um trotzdem Gedanken und Eindrücke unmittelbar nach den Aufgaben einzufangen und für eine spätere Reflexion zu speichern, können Methoden wie das Tagebuch (Seite 142) hilfreich sein.

4.2 Sammlung von Reflexionsaufgaben

Auf den folgenden Seiten finden Sie über 30 City-Bound-Reflexionsaufgaben. Sie sind alphabetisch, nicht inhaltlich, geordnet.

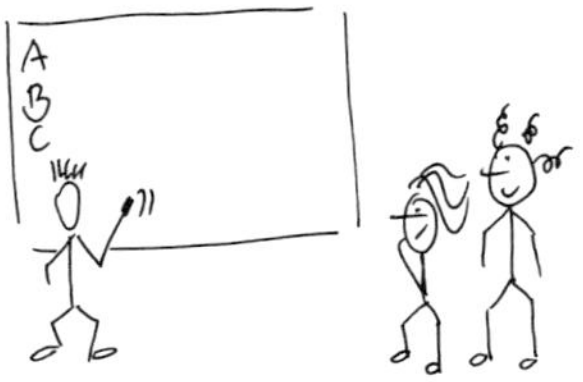

Abschlussalphabet

Zeit → 20–30 Minuten

Material → Plakat und Stifte

Ablauf → Das Plakat wird an der Wand befestigt oder auf den Fußboden gelegt. Ein Teilnehmer übernimmt die Rolle des Schreibers und notiert die Buchstaben des Alphabets am linken Rand des Plakates von oben nach unten. Nun sollen die anderen Teilnehmer Wörter nennen, die etwas mit dem Seminar zu tun haben. Der Schreiber notiert diese Wörter dann neben den entsprechenden Buchstaben. Am Schluss sollte neben jedem Buchstaben mindestens ein Wort stehen. Anschließend besprechen die Teilnehmer diese Wörter und eventuelle Unklarheiten miteinander.

Varianten / Ausbaumöglichkeiten → Mehrere kleine Gruppen erstellen ein eigenes Abschlussalphabet und tauschen dieses dann mit den anderen Gruppen aus.

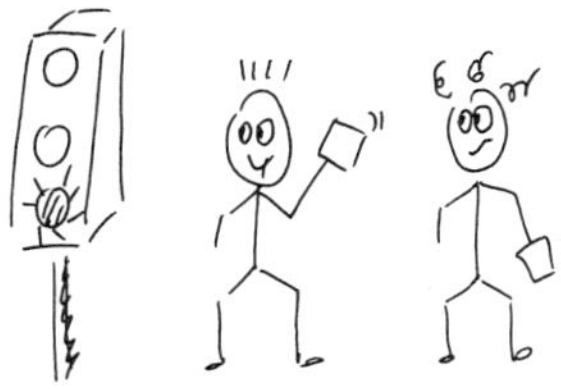

Ampelreflexion

Zeit → 20–30 Minuten

Material → Rote, grüne und gelbe Karteikarten

Ablauf → Jeder Teilnehmer bekommt pro Farbe eine Karteikarte. Alle Teilnehmer und die Leitung überlegen sich jeweils eine Behauptung, zu der sie gerne eine Meinung einholen möchten, z. B.: „Die Aufgaben des heutigen Tages waren viel zu schwer!" Alle Teilnehmer und die Leitung setzen sich in einem Stuhlkreis zusammen. Die verschiedenen Behauptungen werden nacheinander vorgestellt und die Teilnehmer äußern ihre Meinung, indem sie die entsprechende Karte hochhalten: Grün bedeutet Zustimmung, Rot Ablehnung und Gelb Unentschlossenheit. Falls Bedarf besteht, können diese Ergebnisse noch besprochen werden.

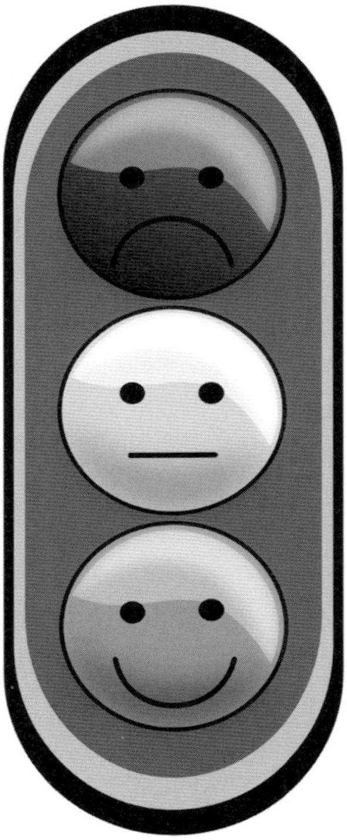

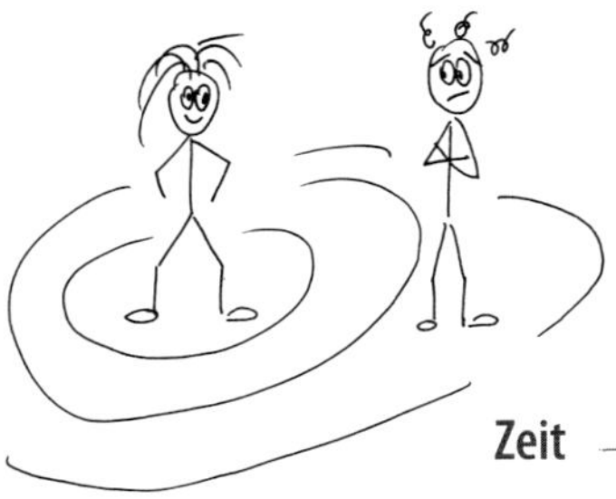

An der Grenze I

Zeit → 30–45 Minuten

Material → Seile oder Klebeband

Ablauf → Die konzentrischen Kreise des Lernzonenmodells von Senninger (siehe Seite 17) werden mithilfe von Klebeband oder Seilen am Boden aufgeklebt bzw. ausgelegt.
Die Spielleitung liest verschiedene Aussagen zu unterschiedlichen Themen vor und die Teilnehmer stellen sich anschließend in den Bereich des Lernzonenmodells, in dem sie sich zu dieser Aussage verorten.
Je nach Bedarf können Einzelne aus der Gruppe etwas zu ihrer Wahl sagen. Die Aussagen beziehen sich dabei auf die Erlebnisse, die die Teilnehmer im Verlauf des Seminars hatten. So können z. B. die einzelnen Aufgaben benannt werden, die durchgeführt wurden, oder Situationen, die dabei entstanden sind, z. B., dass eine fremde Person angesprochen werden musste, ein Zug verpasst wurde oder man nach einem plötzlichen Regenschauer völlig durchnässt war, etc. Zusätzlich zu den Aussagen der Spielleitung können die Teilnehmer natürlich auch eigene Erfahrungen mit einbringen.

Hinweis
Im Vorfeld ist es wichtig, den Teilnehmern zu verdeutlichen, dass die Wahrnehmung eigener Grenzen eine individuelle und sehr persönliche Sache ist. Das Positionieren der einzelnen Gruppenmitglieder erfolgt ohne Wertung. Es erfordert eine gehörige Portion Mut, sich seinen Grenzen zu stellen und dies auch noch in der Gruppe transparent zu machen.

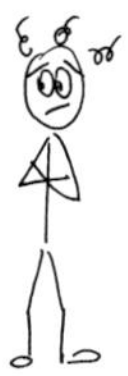

An der Grenze II

Zeit → 45–60 Minuten

Material → Flipcharts und Marker oder Papier und Stifte

Dies ist eine etwas intensivere Reflexion in Kleingruppen zum Umgang mit eigenen Grenzen!
Es werden Kleingruppen gebildet. Im ersten Schritt überlegt sich jeder eine Situation, in der er gespürt hat, dass seine Grenze erreicht oder sogar überschritten worden ist. Anschließend reflektiert jeder – anhand der folgenden Aufgabenstellungen 1 und 2 – für sich selbst, wie der eigene Umgang mit Grenzen ist, und notiert sich seine Überlegungen und Beobachtungen hierzu. Erst danach erfolgt der Austausch in der Kleingruppe. Wichtige Erfahrungen und Entdeckungen sowie wesentliche Gemeinsamkeiten oder Unterschiede im Umgang mit Grenzen können anschließend in der Gesamtgruppe besprochen werden.

Ablauf →

1. Erinnere dich an eine Situation, in der du wahrgenommen hast, dass eine Grenze für dich erreicht war. Wie waren deine Reaktionen auf den Ebenen:
   - **Kopf** (Was hast du gedacht? Was waren deine anschließenden Überlegungen? Was hast du dir vorgestellt?),
   - **Herz** (Wie hast du dich gefühlt? Wie hat sich das bemerkbar gemacht? Wie ging es dir mit diesen Gefühlen?),
   - **Hand** (Was hast du unternommen? Wie sah deine konkrete Handlungsweise aus?)?

2. Was brauchst du, wenn du bemerkst, dass deine persönliche Grenze erreicht ist:
   - von dir selbst,
   - von der Spielleitung,
   - von der Gruppe?

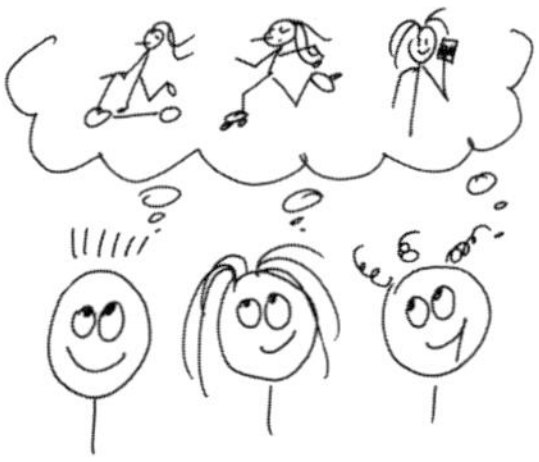

Ausgezeichnet

Zeit → 30–45 Minuten

Material → Flipchart und Marker oder Tafel und Kreide

Ablauf → In Einzelarbeit überlegt sich jeder Teilnehmer eine Sache, die er besonders gut kann. Seine individuelle Stärke notiert er sich auf einer Karte.
Anschließend werden zwei Teams gebildet. Aus den beiden Teams kommt abwechselnd je ein Teilnehmer nach vorn und zeichnet das, was er besonders gut kann, auf einem Flipchart auf (z. B. Roller fahren, Inline skaten, telefonieren). Das Team, das als Erstes diese Stärke errät, bekommt einen Punkt. Gewonnen hat am Ende das Team, das die meisten Punkte sammeln konnte.

Varianten / Ausbaumöglichkeiten → Alternativ können in der Vorbereitung auch Assoziationen zum Thema „Stadt" gesammelt werden. Diese Begriffe dienen dann anschließend im Spiel als Ratebegriffe.

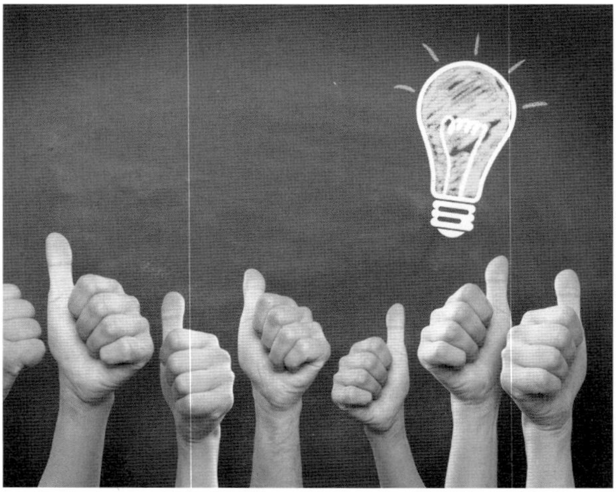

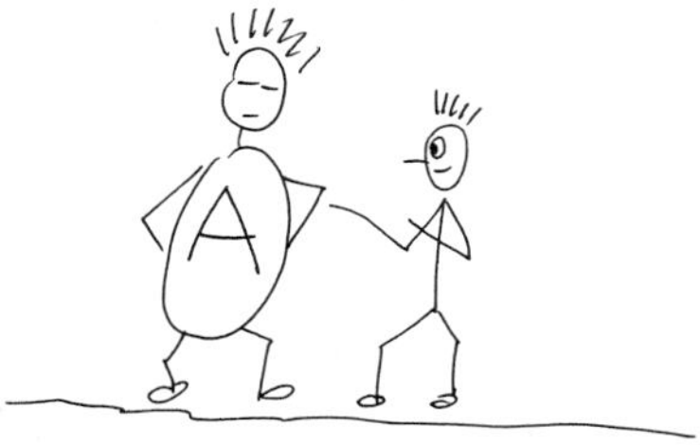

Avatar-Reflexion

Zeit → 10 Minuten pro Teilnehmer

Material → Malutensilien, Bastelzeug oder Knetmasse

Ablauf → Jeder Teilnehmer malt ein Porträt von sich in Form einer Skizze oder bastelt bzw. knetet sich einen kleinen Avatar (Stellvertreter). Dieser wird an einem exponierten Ort im Raum (z. B. auf einem Tisch in der Mitte oder innerhalb einer Galerie an der Wand) positioniert.

Neben der Spielleitung ist ein Stuhl für denjenigen reserviert, der an der Reihe ist zu erzählen. Um es den Teilnehmern in der Reflexion zu ermöglichen, einen beobachtenden Blick auf sich zu bekommen, gilt für die Dauer der Reflexion die Annahme, der Avatar hätte an ihrer Stelle an der Aufgabe teilgenommen. Die Fragen werden dementsprechend in der dritten Person gestellt und es wird auf diese Weise mit dem Teilnehmer über sich selbst gesprochen, z. B.: „(Name des Teilnehmers, dabei den Avatar anschauen) war ja heute in der Stadt unterwegs, was hat er/sie denn so erlebt?" Beispiele für weitere Fragen: „Was hat ihm/ihr denn heute gut gefallen? Was ist besonders toll gelungen? Gab es ein Highlight? Würde er/sie etwas anders machen, wenn er/sie morgen noch mal mitkommen würde?"

Mithilfe dieser Fragen bzw. der Antworten darauf entsteht ein Austausch über die Erlebnisse des Teilnehmers/der Teilnehmerin. Besonders schön ist es natürlich, den Avatar gegen Ende der Reflexion zu verabschieden und ihn, beispielsweise mit einem Applaus aus der Gruppe, gebührend zu feiern.

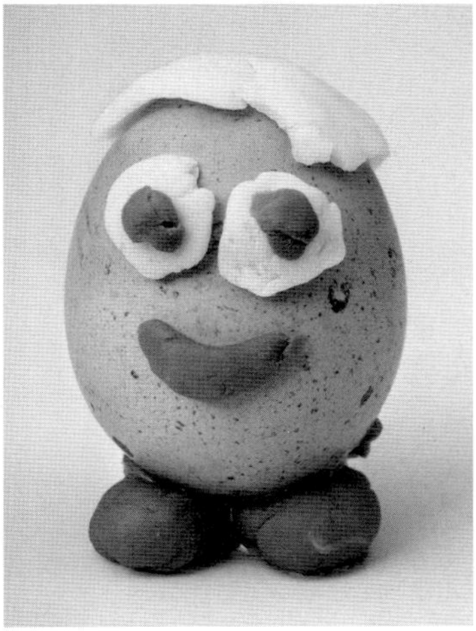

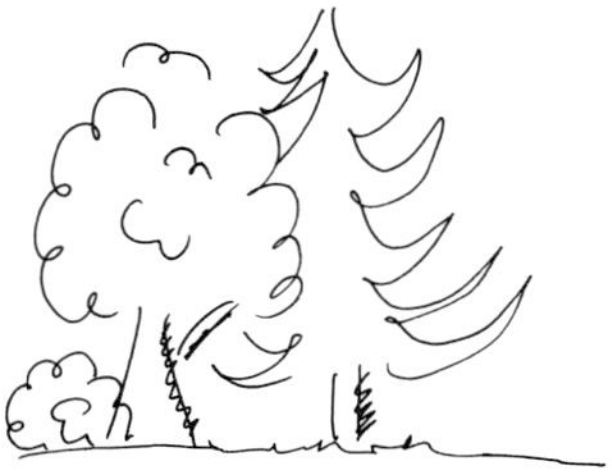

Berufestammbaum

Zeit → 30 Minuten

Material → DIN-A3-Papier, Stifte

Ablauf → Jeder Teilnehmer erstellt in Einzelarbeit ein Plakat mit seinem persönlichen Berufestammbaum. In Form eines Genogramms (Erklärung siehe unten) werden hier die Familienmitglieder mit ihren Berufen (soweit bekannt) eingetragen. Die einzelnen Stammbäume werden anschließend im Plenum vorgestellt. Strukturiert wird die Auswertung durch folgende **Fokusfragen**:

- Welchen Beruf kennst du besonders gut?
- Welchen der Berufe kennst du kaum / gar nicht?
- Inwiefern beeinflusst der Stammbaum deine eigene Berufswahl?
- Welche weiteren Faktoren beeinflussen dich in deiner Berufswahl?
- Inwiefern unterstützt / hemmt dich deine Familie in deiner Berufswahl? Welche Erwartungen gibt es an dich und deine Zukunft?

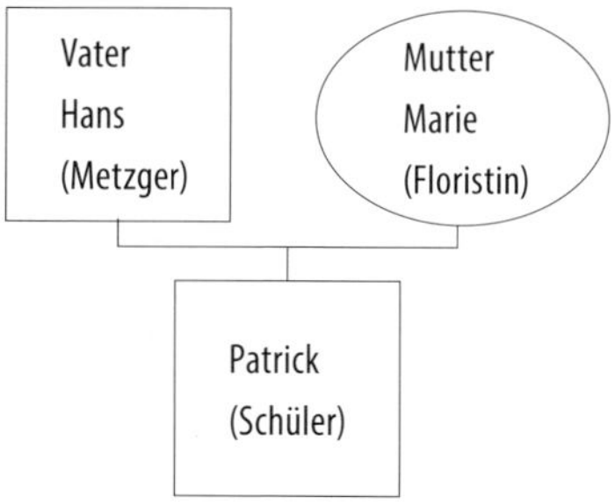

Hinweis

Ein Genogramm besteht aus einfachen Symbolen, die jeweils für ein Familienmitglied stehen. Mithilfe von Linien wird die Beziehung zwischen den Familienmitgliedern dargestellt. In einem Genogramm werden Männer mit einem Quadrat und Frauen mit einem Kreis dargestellt. Ein Ehepaar beispielsweise wird durch ein Quadrat und einen Kreis abgebildet, welche mit einer durchgezogenen Linie miteinander verbunden werden. Der Sohn des Ehepaares wird durch ein Quadrat und eine Verbindungslinie unterhalb des Paarbildes dargestellt. Für den Berufestammbaum sollte jedes Symbol mit dem Namen des Familienmitgliedes und dessen Berufsbezeichnung versehen werden.

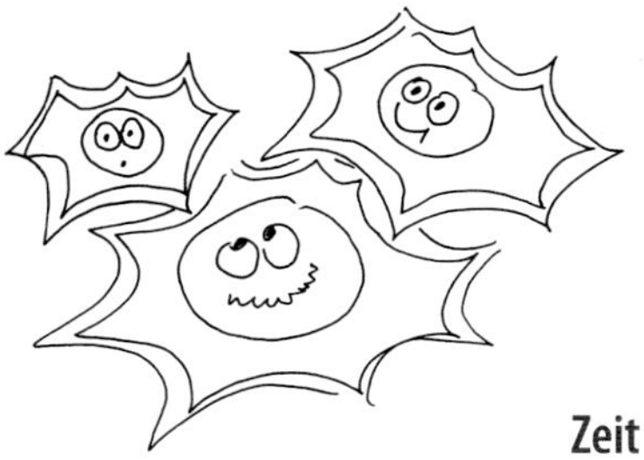

Blitzlicht

Zeit → 10–15 Minuten

Material → keines

Ablauf → Jeder Teilnehmer soll mit wenigen Worten erläutern, wie er sich gerade fühlt, wie der letzte Programmpunkt von ihm aufgenommen worden ist o.Ä. Andere Teilnehmer gehen auf diese Äußerungen nicht ein, sondern lassen diese so stehen. Diese Reflexionsmethode eignet sich sehr gut, um die momentane Stimmungslage festzuhalten.

Hinweis

Werden in der Blitzlichtrunde Störungen oder Konflikte deutlich, reicht es nicht, diese so stehen zu lassen. Es bietet sich an, mit der Gruppe gemeinsam zu entscheiden, ob die Klärung unmittelbar erfolgen soll oder ob eine Klärung in einer späteren Reflexionsrunde für alle tragbar ist.

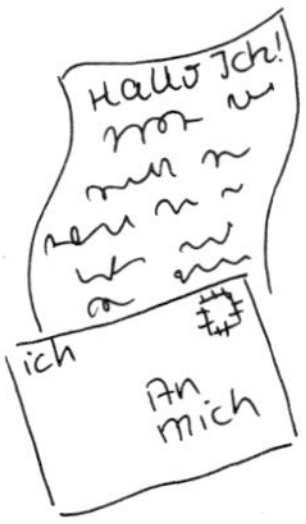

Brief an mich selbst

Zeit → 20–30 Minuten

Material → Papier, Stifte, Briefumschläge

Ablauf → Die Teilnehmer schreiben gegen Ende des Seminars einen Brief an sich selbst. Hierbei können sie ihre aktuelle Befindlichkeit beschreiben oder wie ihnen das Seminar gefallen hat, was sie an positiven oder auch negativen Eindrücken und Erlebnissen mitnehmen. Der Brief wird in einen Umschlag gesteckt, adressiert und nach einer gewissen Zeit von der Seminarleitung an die Teilnehmer verschickt.

Varianten / Ausbaumöglichkeiten → Diese Methode eignet sich auch gut für die Arbeit mit individuellen Zielen. Die Teilnehmer formulieren zu Beginn des Seminars ein persönliches Ziel, welches sie im Laufe des Seminars erreichen möchten. Die Leitung sollte dabei darauf achten, dass sich die Teilnehmer kleine, messbare und konkrete Ziele setzen. Am Ende des Seminars kann die individuelle Zielerreichung ausgewertet werden. Hierfür können sich die Teilnehmer eine Weile zurückziehen und Gedanken über ihre Zielarbeit machen.

Leitfragen können sein:

- Was hat dich motiviert, dieses Ziel zu erreichen?
- Was hast du im Seminar getan / versucht, um deinem Ziel näher zu kommen?
- Welche Schritte sind dir gelungen?
- Wie zufrieden bist du mit dem aktuellen Stand?
- Was waren Hürden im Prozess?
- Ihre Erkenntnisse halten die Teilnehmer in einem Brief an sich selbst fest. Gegebenenfalls formulieren sie auch eine weitere Zielsetzung für ihren Alltag.

Je nach Seminarlänge kann auch eine Zwischenreflexion sinnvoll sein, in der die Teilnehmer den Zwischenstand ihrer Zielarbeit betrachten und ihr Ziel eventuell noch mal abwandeln können.

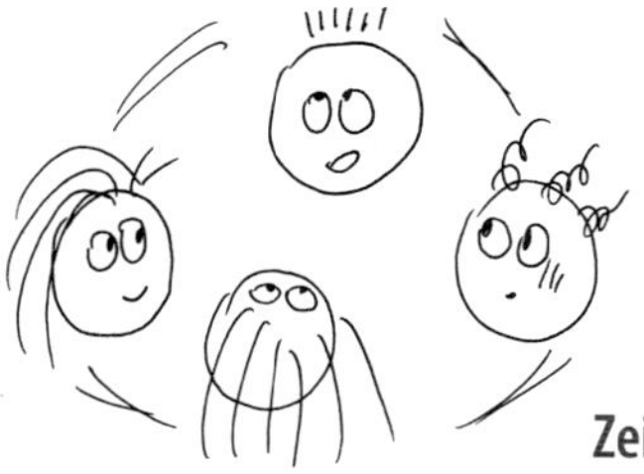

Echokreis

Zeit → 10 Minuten pro Teilnehmer

Material → 4 Stühle

Ablauf → In der Mitte der Gruppe steht ein Stuhl, ihm gegenüber sind drei weitere Stühle platziert. Ein Teilnehmer (Erzähler) setzt sich auf den einzelnen Stuhl, auf den drei weiteren Stühlen nehmen ebenfalls Teilnehmer (Zuhörer) Platz, die jeweils eine feste Beobachtungsaufgabe haben:

- Die Aufgabe für den ersten Zuhörer besteht darin, das Gehörte zusammenzufassen, ohne in diese Zusammenfassung eine eigene Wertung hineinzubringen („Was habe ich gehört?").
- Der zweite Zuhörer konzentriert sich auf die Strategie, mit der die Aufgabe durch den Erzähler bewältigt wurde, sowie auf den Ablauf und gibt eine Rückmeldung aus seiner Sicht („Was ist passiert? Was hat funktioniert, was nicht?").
- Der dritte Zuhörer versucht, die Befindlichkeit des Erzählers wahrzunehmen und spiegelt seine Eindrücke hierzu („Wie geht es dem Erzähler? Weshalb habe ich diesen Eindruck?").
  Nach seiner Erzählung erfolgt das Feedback der Zuhörer.

Varianten / Ausbaumöglichkeiten → Sollte das Einhalten der Rollenaufgaben anfangs zu schwer fallen, kann die Gruppe zumindest an die Methode und das Setting gewöhnt werden, indem man einfachere Beobachtungsrollen verteilt, z. B.: Beobachter 1 gibt Aufgabe und Strategie wieder, Beobachter 2 berichtet von den Reaktionen der Passanten, Beobachter 3 gibt eine positive oder kritisch-konstruktive Rückmeldung zum Erzähler selbst.

Hinweis
Diese Methode eignet sich für einen tieferen Einstieg in die Reflexion, z. B. zur Auswertung von Einzelaufgaben. Vorteil der Methode ist, dass die Teilnehmer nach und nach lernen, in der Reflexion auf verschiedene Dinge zu fokussieren und sich gegenseitig bewusster wahrzunehmen. Wichtig ist das genaue Einhalten der Rollen, was vielen Teilnehmern zu Beginn schwer fällt. Gerade in der Anfangsphase sind daher viel Empathie und Geduld seitens der Spielleitung erforderlich.

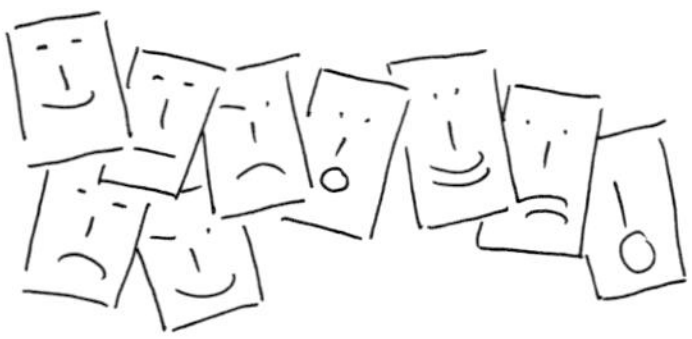

Emoticons

Zeit → 10–15 Minuten

Material → Karteikarten und Stifte

Ablauf → Das Wort „Emoticon“ setzt sich aus den Wörtern „Emotion“ und „Icon“ zusammen. Genutzt werden Emoticons meist im Internet, auf Smartphones und in E-Mails, um Emotionen auszudrücken. Emoticons sind sogenannte „Smileys“, die es ermöglichen, Emotionen wie beispielsweise Ironie auszudrücken. Folgende Smileys sind für die Reflexion relevant:

:-) = freundlich, froh, zustimmend
:-(= traurig, unglücklich, ablehnend
:-I = neutral, gleichgültig
;-) = ironisch, nicht so ernst gemeint, zwinkernd
;-(= ironisch, mit resignierendem Unterton
:-o = erstaunt, erschrocken, schockiert
:-)) = besonders glücklich
:-((= besonders unglücklich
-o = gähnen

Viele kennen diese Emoticons, jedoch kann die Leitung diese sicherheitshalber noch einmal vorstellen. In der Reflexion malt nun jeder Teilnehmer ein Emoticon auf eine Karteikarte und hält diese dann hoch, um den anderen zu zeigen, wie er sich fühlt. Zeitsparender ist es, wenn die Karteikarten vorher angefertigt und gegebenenfalls sogar laminiert werden, sodass sie immer wieder einsetzbar sind.

Varianten / Ausbaumöglichkeiten → Für andere Varianten dieser Reflexion können weitere Symbole eingesetzt werden, wie z. B. ein „?“ = „Was soll das alles bedeuten?“, oder ein „!“ = „Weiter so!“

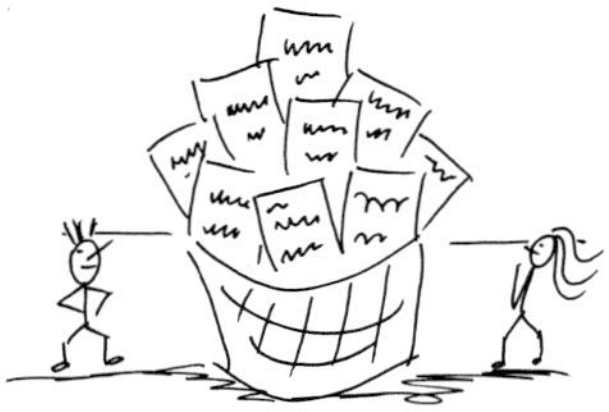

Ernte

Zeit → 30–45 Minuten

Material → Karteikarten, Stifte, Pinnwand, Korb

Ablauf → Vor Beginn eines Projektes werden Ziele oder Erwartungen der Teilnehmer erfasst, auf Karteikarten geschrieben und an eine Pinnwand geheftet. Auf diese Weise können die Teilnehmer nach dem Projekt überprüfen, welche ihrer Erwartungen erfüllt wurden. Die Karteikarten mit den erfüllten Erwartungen / Zielen werden von der Pinnwand genommen – „abgeerntet" – und in einen „Erntekorb" gelegt. Der Inhalt dieses Erntekorbes veranschaulicht später das Gesamtergebnis. Die eventuell übrig gebliebenen Karteikarten können weiterhin noch zur Diskussion stehen.

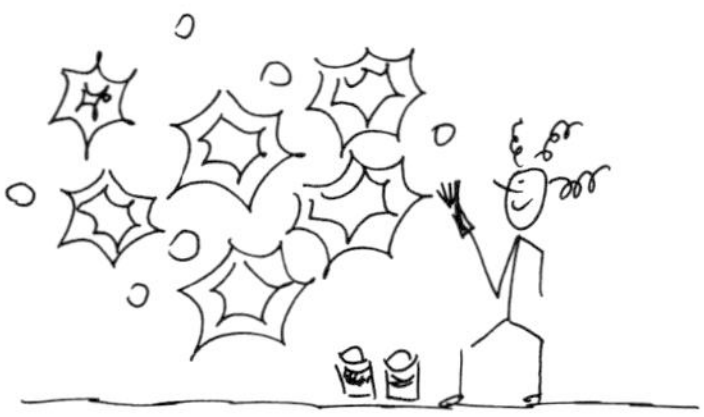

Farbkleckse

Zeit → 20–30 Minuten

Material → Flipcharts, DIN-A3-Plakate oder Tapetenreste, Pinsel in verschiedenen Größen, Behälter mit verschiedenen Farben

Ablauf → Flipcharts und Farbeimer stehen bereit. Die Teilnehmer geben ihrer aktuellen Stimmungslage eine Gestalt, indem sie nacheinander zum Flipchart gehen und ihrer Befindlichkeit eine Farbe sowie eine Form zuordnen, die sie, spontan und ohne größere Bedenkzeit, schwungvoll mit dem Pinsel auf das Papier zeichnen. So entsteht ein komplettes Stimmungsgemälde der Gruppe. Die einzelnen Beiträge können anschließend durch die „Maler" kommentiert werden, ebenso eignet sich eine gemeinsame Betrachtung des fertigen Gemäldes.

Varianten / Ausbaumöglichkeiten → Jeder Teilnehmer gestaltet ein eigenes Plakat / Tapetenstück. Auf diese Weise entsteht eine ganze Befindlichkeitsgalerie, die auch sehr schön als Raumdekoration dienen kann.

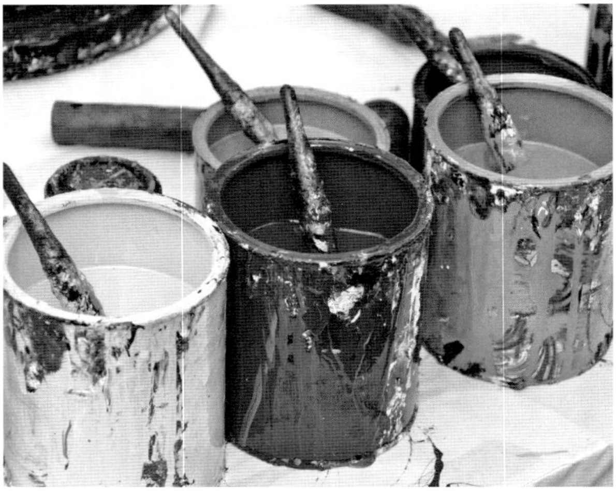

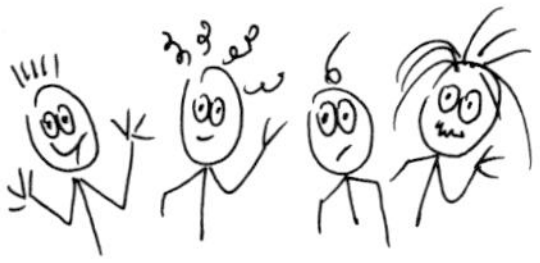

Fingerzeig

Zeit → 20–30 Minuten

Material → keines

Ablauf → Die Gruppe sitzt im Kreis und die Spielleitung stellt eine Frage, wie z. B.: „Wie viel habe ich zur Problemlösung beigetragen?", „Wie aufgenommen fühle ich mich in der Gruppe?" oder: „Wie sehr hat mich die Aufgabe herausgefordert?" Die Spielleitung zählt bis drei. Dann heben alle Teilnehmer die Hand und zeigen je nach Zustimmung keinen, einen, zwei, drei, vier oder fünf Finger (keinen = Ablehnung, sehr schlecht, gar nicht; fünf = volle Zustimmung, sehr gut, sehr viel).

Danach können einzelne Teilnehmer ihren Fingerzeig kommentieren.

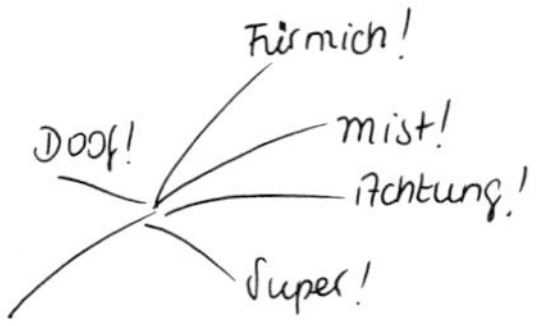

Fünf-Finger-Reflexion

Zeit → 30–45 Minuten

Material → Wandzeitung, Stifte

Ablauf → Auf die Wandzeitung wird eine Hand gemalt, deren fünf Finger mit einer Bedeutung versehen werden:
Daumen = „Das fand ich super: …"
Zeigefinger = „Darauf möchte ich hinweisen: …"
Mittelfinger = „Das war Mist: …"
Ringfinger = „Was ich für mich mitnehme: …"
Kleiner Finger = „Das kam mir zu kurz: …"
Jeder Teilnehmer sagt zu jedem Finger einen Satz.

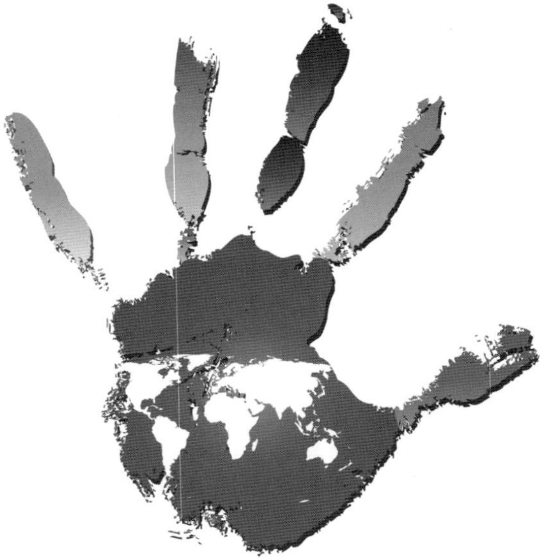

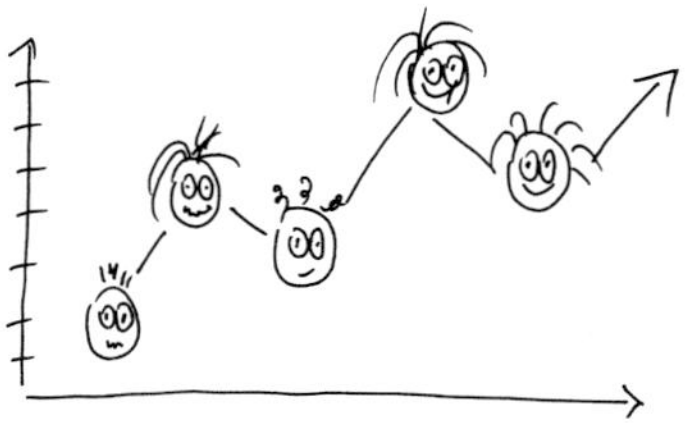

Gefühlsdiagramm

Zeit → 20–30 Minuten

Material → Papier, Stifte

Aufgabenstellung → Auf einem großen Plakat wird ein Koordinatensystem eingezeichnet. Dabei wird die y-Achse mit den Zahlen von –10 bis +10 versehen und stellt die Zufriedenheitsachse dar. Die x-Achse repräsentiert die Tätigkeitsachse, auf ihr werden in chronologischer Reihenfolge die Programmpunkte der Gruppe angezeigt.

Die Leitung erklärt die Funktion des Gefühlsdiagramms. Nach jedem Programmpunkt soll der aktuelle Gefühlszustand der einzelnen Teilnehmer eingezeichnet werden, dabei bedeutet –10 sehr schlecht und +10 sehr gut.

Dies kann entweder anonym passieren und anschließend wird nur der momentane Gefühlszustand der Gruppe besprochen. Oder jeder Teilnehmer erhält eine andere Farbe, um anschließend der Gruppe seinen Gefühlszustand zu erklären. Es besteht natürlich auch die Möglichkeit, das Diagramm nicht zu besprechen und die Gefühlszustände der Teilnehmer nur unkommentiert wahrzunehmen.

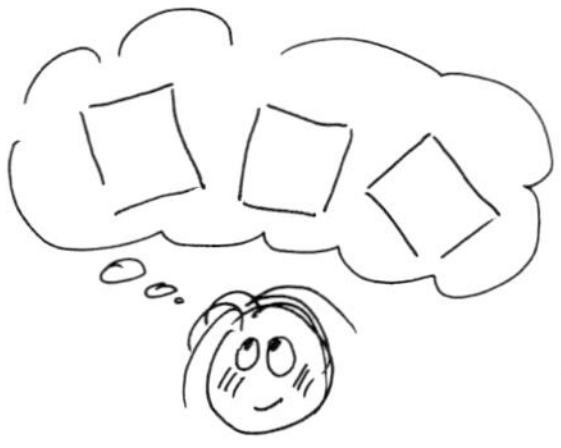

Gefühlskarten

Zeit → 20–30 Minuten

Material → Karten mit unterschiedlichen Emotionsbegriffen

Ablauf → Auf dem Boden werden Karten mit unterschiedlichen Emotionsbegriffen (müde, stolz, aufgeregt, nervös, aktiv, genervt, wütend, fröhlich usw.) ausgelegt. Entsprechend folgender Fragen:

- Wenn du an den gestrigen Tag denkst – welches Gefühl ist dir besonders in Erinnerung geblieben?
- Wie fühlst du dich in der Gruppe?
- Wenn du an den Tag heute denkst – wie fühlst du dich?
- ... wählt jeder Teilnehmer drei Karten aus und begründet kurz seine Wahl.

Hinweis

Hierbei sollte vorher festgelegt werden, ob die Begründungen seitens der Gruppe kommentiert werden oder einfach als individuelle Statements unkommentiert bleiben sollen.

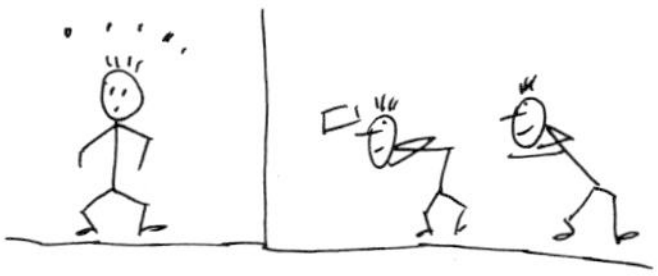

Geheimer Beobachter

Zeit → Während einer kompletten Aktion

Material → Namenszettel, Zettel mit unten abgebildetem Formular

Ablauf → Jeder Teilnehmer zieht einen Zettel mit dem Namen eines anderen Teilnehmers und bekommt einen zweiten Zettel mit folgendem Inhalt:

> Beobachte ______________________________ im Laufe der nächsten Stunden / Aufgaben / Tage.
>
> Achte darauf, was
>
> er / sie besonders gut kann;
> er / sie zum Gruppenklima beiträgt;
> er / sie zur Lösung der Aufgaben beiträgt oder
> was ihm / ihr besonders gut gelungen ist.
>
> Notiere dir deine Beobachtungen und erstelle daraus ein Feedback für
>
> ______________________________.

Hinweis
Regeln für konstruktives Feedback vorgeben und gemeinsam besprechen. Ein kleiner Applaus nach jedem Feedback kann zusätzlich für Motivation sorgen.

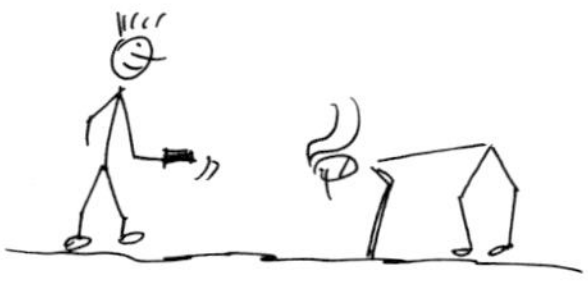

Hand-und-Fuß-Reflexion

Zeit → 30–45 Minuten

Material → Tapetenrolle, Stifte, eventuell Scheren

Ablauf → Die Tapete wird auf dem Fußboden ausgelegt. Sie muss so lang sein, dass alle Teilnehmer nebeneinander auf ihr Platz finden. Zuerst stellt sich jeder Teilnehmer mit den Füßen bündig an die Schnittkante auf einer Seite der Tapete und die Leitung zeichnet die Umrisse der Füße nach. Anschließend legen die Teilnehmer ihre Hände unterhalb des Umrisses ihrer Schuhe auf die Tapete. Wieder werden die Umrisse abgezeichnet.

Nun schneiden oder reißen die Teilnehmer die Umrisse ihrer Hände und Füße aus der Tapete aus und beschriften sie. Auf die Hände wird geschrieben, was die Teilnehmer gut fanden, was sie also „greifen" und für sich mitnehmen konnten. Auf die Füße schreiben sie, was sie gar nicht gut fanden und somit am liebsten „mit den Füßen treten" möchten.

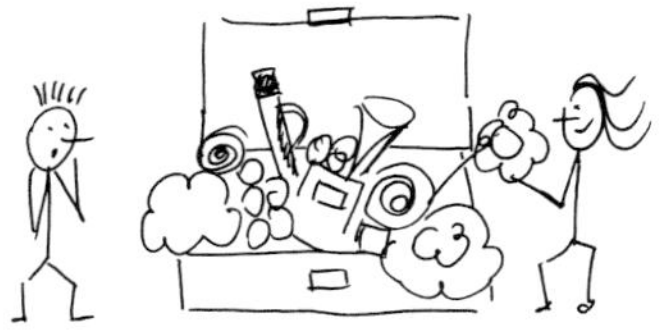

Ich packe meinen Koffer ...

Zeit → 20–30 Minuten

Material → keines

Ablauf → „... und nehme mit: ein positives Ereignis dieses Tages / dieser Woche." Dies können Dinge sein, die besonders gut geklappt haben, Begegnungen, die als angenehm empfunden wurden, oder auch einfach nur das Wetter oder das Essen in der Jugendherberge. Jedes „Mitbringsel" darf nur einmal in den Koffer. Die Spielleitung beginnt mit: „Ich packe meinen Koffer und nehme (z. B.) das gute Klima in der Gruppe mit." Der Nächste in der Runde fährt fort mit: „Ich packe meinen Koffer und nehme das gute Klima in der Gruppe und (etwas Eigenes, ihm Wichtiges) mit."

Varianten / Ausbaumöglichkeiten → Die Dinge, die jeder mitnimmt, können benannt und zusätzlich noch mit einer typischen Handbewegung versehen werden.

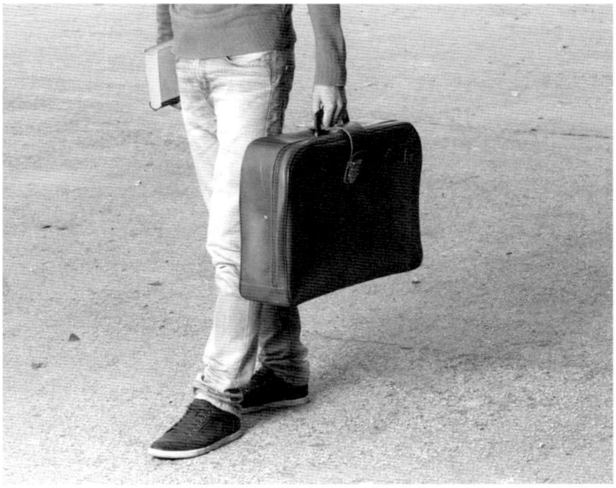

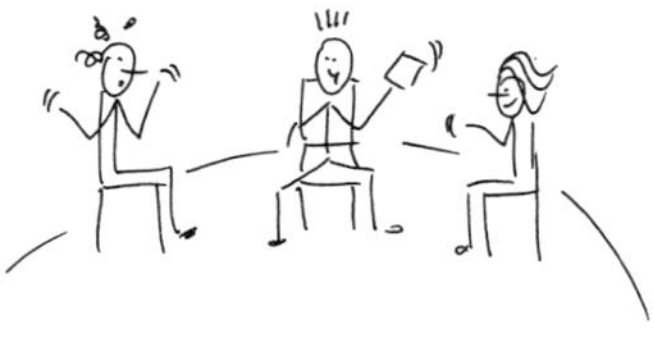

Impro-Talkshow

Zeit → 45–60 Minuten

Material → Zettel in verschiedenen Farben, Stifte, Stuhlkreis

Ablauf → In der Mitte eines Raumes wird ein Stuhlkreis aufgebaut. Dort nehmen ein Talkmaster sowie einige Gäste Platz. Die Rollen werden vorher innerhalb der Gruppe abgestimmt. Jedes Gruppenmitglied erhält drei Zettel in verschiedenen Farben. Auf einem Zettel werden Ereignisse notiert, die im Verlauf des Seminars / der Aktion stattgefunden haben, auf einem weiteren etwas, was als störend empfunden wurde, und auf dem letzten Zettel etwas, das besonders toll gelaufen ist.
Der Talkmaster sammelt alle Zettel vor der Diskussion ein und mischt sie. Er eröffnet die Diskussion, indem er den ersten Zettel vorliest. Die Gäste geben ihre Meinungen dazu ab, ohne dass die Gruppe außerhalb des Stuhlkreises in das Gespräch eingreift. Der Talkmaster stellt Fragen, steuert die Diskussionsbeiträge, entscheidet, wann ein Thema ausreichend behandelt wurde, und zieht dann den nächsten Zettel.

Hinweis
Die Gäste können von Zeit zu Zeit wechseln, damit auch die äußeren Gruppenmitglieder die Gelegenheit bekommen, etwas zur Diskussion beizutragen. Auch die Rolle des Talkmasters kann im Verlaufe der Talkshow neu besetzt werden.

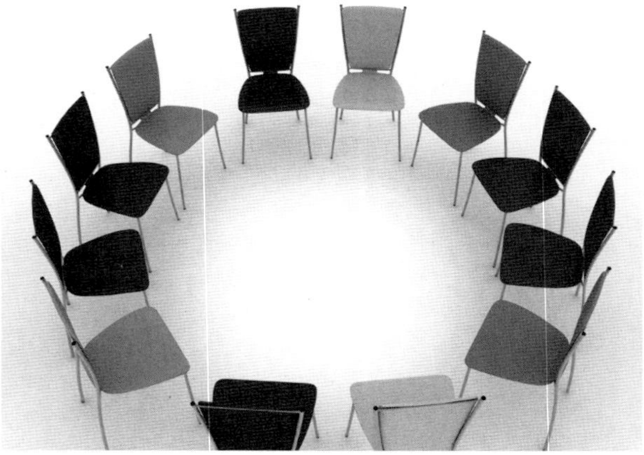

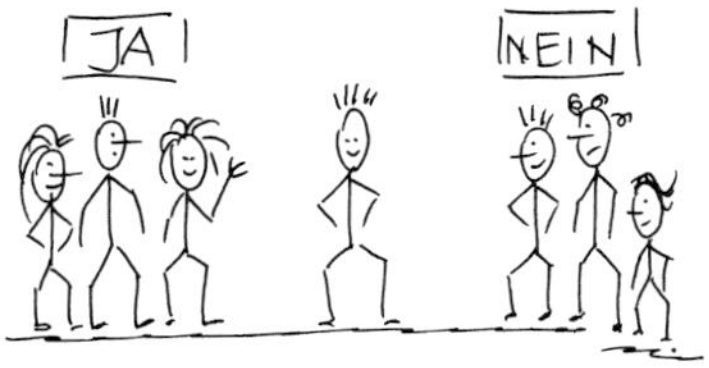

Ja-Nein-Aufstellung

Zeit → 20–30 Minuten

Material → Schilder mit JA und NEIN

Ablauf → Die Spielleitung kennzeichnet eine Seite des Raumes mit „JA", die gegenüberliegende mit „NEIN". Anschließend werden Statements vorgelesen, z. B.:

- Ich habe mich in der Gruppe wohlgefühlt.
- Die Atmosphäre des Seminars hat mir gut gefallen.
- Ich habe viel zur Lösung der Aufgabe beigetragen.
- Die Aufgabe hat mich Überwindung gekostet.
- Mit der Lösung der Aufgabe bin ich zufrieden etc.

Die Teilnehmer begeben sich bei Zustimmung auf die „JA-Seite", bei Ablehnung auf die „NEIN-Seite". Natürlich kann man sich auch dazwischen positionieren. Bei Bedarf können Einzelne aus der Gruppe interviewt werden, warum sie sich auf die „JA"- oder „NEIN"-Seite gestellt haben.

Varianten / Ausbaumöglichkeiten → Alle Teilnehmer bilden einen Kreis. Nun tritt ein Teilnehmer nach dem anderen in die Mitte des Kreises und äußert seine Meinung über den Tag, die Gruppe oder bestimmte Programmbausteine. Je nach Zustimmung positionieren sich die anderen Teilnehmer zur Mitte. Bei Zustimmung rücken sie nah an die Person in der Kreismitte heran, bei Ablehnung entfernen sie sich weit von der Kreismitte.

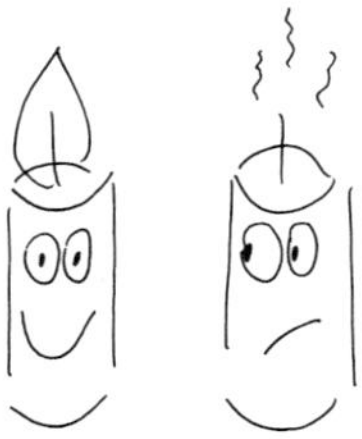

Kerzenreflexion

Zeit → 20–30 Minuten

Material → Große Kerze, Teelichter, Streichhölzer oder Feuerzeug

Ablauf → Die große Kerze sowie ein paar Teelichter werden angezündet. Wenn ein Teilnehmer eine positive Bewertung abgeben möchte, wird ein weiteres Teelicht angezündet. Gibt jemand eine negative Bewertung ab, wird ein Teelicht ausgepustet. Wichtig ist, dass die Teelichter, die schon einmal gelöscht wurden, nicht mehr angezündet werden dürfen, damit man später genau erkennen kann, wie die Gesamtbewertung ausgefallen ist (eher positiv oder negativ).

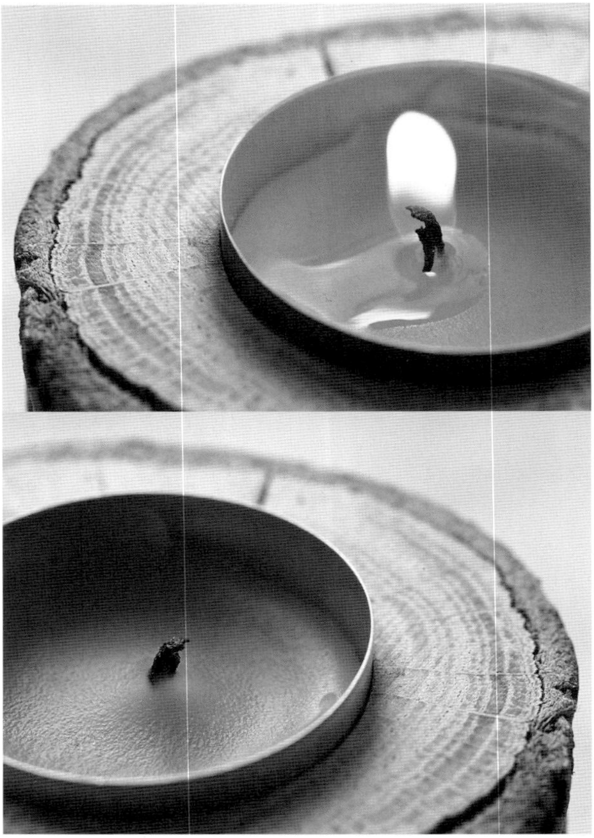

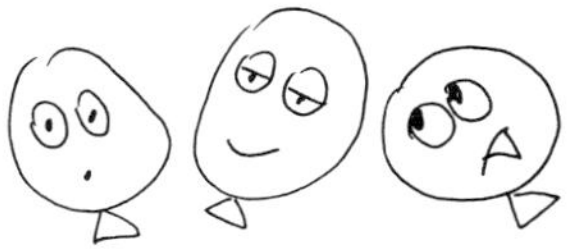

Luftballonreflexion

Zeit → 20–30 Minuten

Material → Luftballons, Marker

Ablauf → Jeder Teilnehmer pustet einen Luftballon auf und malt darauf ein Porträt der Person, die er heute angesprochen hat. Aufgabe ist es nun, sich in die angesprochene Person hineinzuversetzen und aus ihrer Perspektive zu sprechen. Dabei können folgende Fragen beantwortet werden:

- Was ist heute Besonderes passiert?
- Welchen Eindruck hatte ich von der Person, die mich angesprochen hat?
- Was hat die Person zu mir gesagt? Wie hat sie gewirkt? Was war mein erster / zweiter Eindruck?
- Was ist mir an ihrer Körperhaltung, Mimik und Gestik aufgefallen? Gab es Besonderheiten im Auftreten oder in der Argumentation?
- Welches Gefühl bleibt nach dieser Situation zurück?

Ziel ist es hierbei, dass sich die Teilnehmer aus den Augen des Gegenübers betrachten, um das eigene Auftreten und Verhalten anhand der erlebten Reaktionen und Eindrücke zu reflektieren.

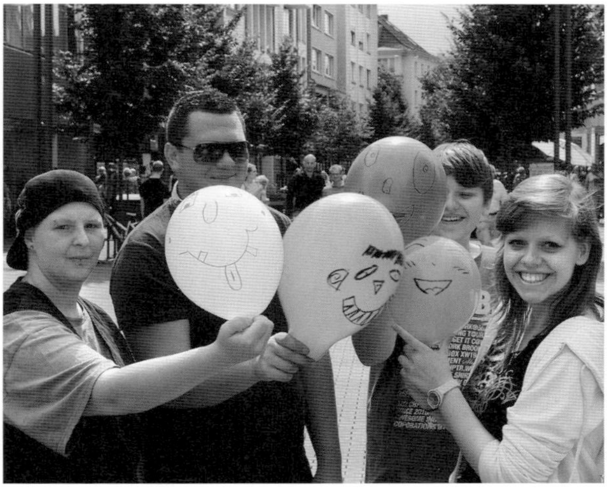

Mit anderen Augen sehen

Zeit → 30 Minuten

Material → Zettel, Klebefilm oder -band, Filzstifte

Ablauf → Jeder Teilnehmer bekommt einen Zettel auf den Rücken geklebt. Die Teilnehmer bewegen sich im Raum und schreiben den anderen Teilnehmern positive Rückmeldungen auf den Rücken. Anschließend trägt jeder Teilnehmer in der Runde die Ergebnisse seines Rückenschildes vor.

Hinweis

Die Leitung sollte auf die Einhaltung der Regeln achten: Es werden *nur positive* Rückmeldungen notiert (Stärken und Fähigkeiten der Anderen)!

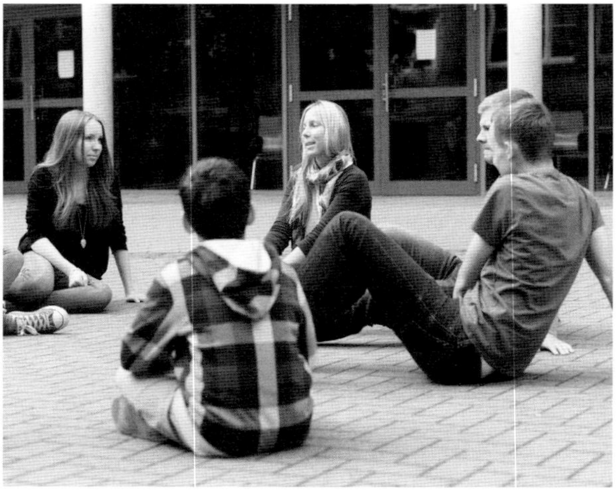

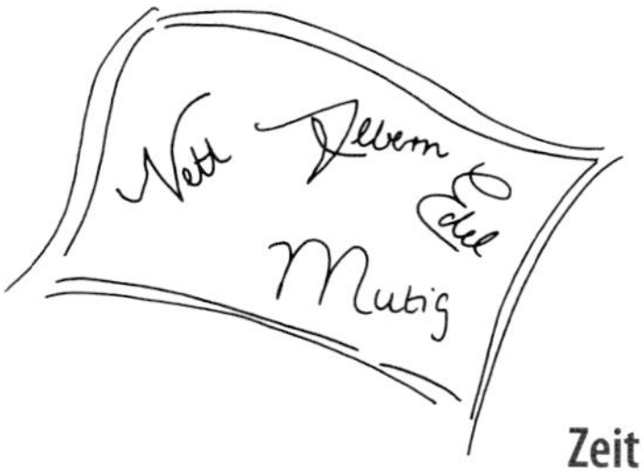

Namenspower

Zeit → 30–45 Minuten

Material → Plakate und Stifte

Ablauf → Jeder Teilnehmer schreibt seinen Namen auf einen Zettel. Die Buchstaben sollten dabei untereinander angeordnet sein. Ziel ist es nun, jedem Buchstaben eine im Laufe der Aufgabe / des Seminars entdeckte Kompetenz zuzuordnen. Als Füllbegriffe können konkrete Fähigkeiten oder positive Eigenschaften dienen. Anschließend stellt jeder sein Ergebnis der Gruppe vor.

Varianten / Ausbaumöglichkeiten →

- Die Plakate können anschließend als Galerie im Raum aufgehängt werden.
- Die „Füllung" des eigenen Namens kann sich auch über mehrere Tage strecken, so können im Anschluss an Reflexionseinheiten immer wieder Ressourcen und Kompetenzen ergänzt werden.

Hinweis

Jugendlichen fällt es häufig schwer, eigene Fähigkeiten zu erforschen und zu benennen. Es kann daher hilfreich sein, wenn die Seminarleitung zunächst einige Vorschläge macht. So kann Paul beispielsweise gefragt werden, wofür das „P" in seinem Namen stehen könnte, ob er „pünktlich" oder eher „perfekt" für passend erachtet.

Falls Teilnehmer mit sehr kurzem Namen dabei sind, kann ihr Nachname für diese Aufgabe noch hinzugezogen werden.

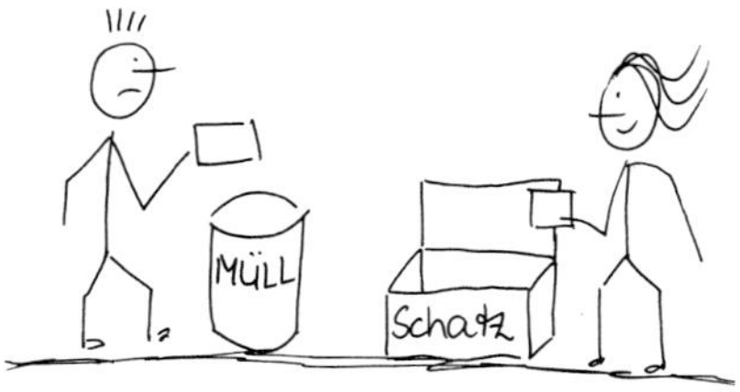

Schatzkiste und Mülleimer

Zeit → 30–45 Minuten

Material → Rote und grüne Karteikarten, Schatzkiste und Mülleimer

Ablauf → Die Teilnehmer notieren, was ihnen an einer Aufgabe (einem Seminar, einem Programmpunkt) gut und was ihnen gar nicht gefallen hat. Hierfür bekommen sie Zettel in zwei verschiedenen Farben (Grün für die positiven Dinge und Rot für die negativen). Dann werden in der Mitte des Raumes ein Mülleimer sowie ein Schatzkistchen aufgestellt. Die Schatzkiste steht symbolisch für die Dinge, die sich die Gruppe bewahren, der Mülleimer für jene, die man lieber loswerden möchte. Die Teilnehmer können ihre Zettel nun kurz erläutern und werfen sie anschließend in den Mülleimer beziehungsweise in die Schatzkiste.

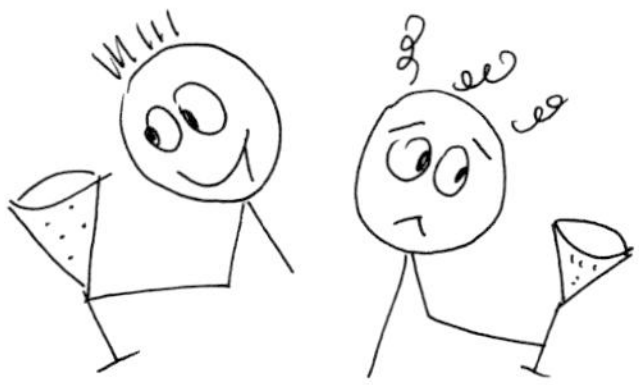

Schlussreflexion

Zeit → 20–30 Minuten

Material → Sekt- oder Saftgläser, Orangen- oder anderer Fruchtsaft

Ablauf → Diese Reflexion ist eher eine festliche und eignet sich somit gut für einen Abschluss. Nun können die Teilnehmer ihre Meinung äußern, indem sie z. B. sagen: „Ich stoße an auf …", oder: „Ich spüle meinen Ärger hinunter über …"
Anschließend können sich alle in lockerer Atmosphäre hierzu austauschen.

Variante / Ausbaumöglichkeiten → Die Gesamtgruppe entwickelt einen gemeinsamen Toast auf das Seminar. Nach der kleinen Rede wird dann zusammen angestoßen.

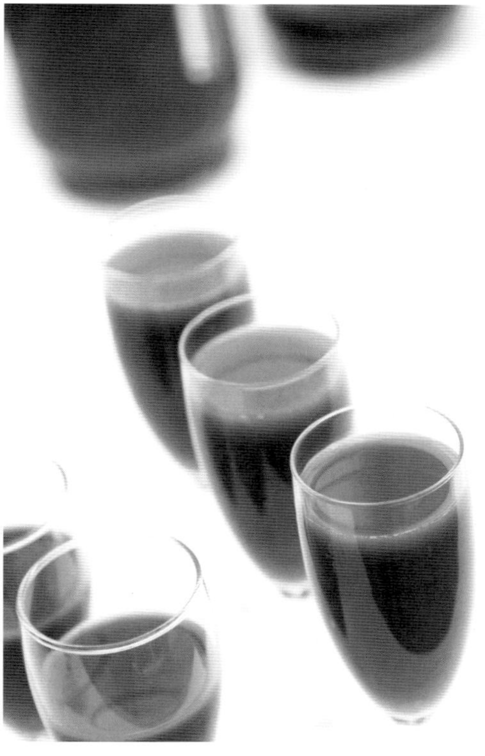

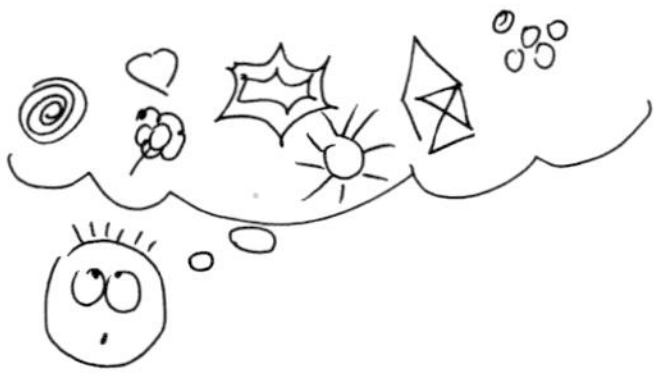

Sinnesreflexion

Zeit → 30–45 Minuten

Material → keines

Ablauf → Die Teilnehmer werden gebeten, den Tag / die Aufgabe / das Seminar Revue passieren zu lassen und sich zu überlegen:

- welcher Gedanke,
- welches Bild,
- welches Geräusch,
- welcher Geschmack,
- welcher Geruch und
- welches Gefühl

sich ihnen besonders eingeprägt hat.
Die einzelnen Eindrücke werden in der Gruppe ausgetauscht. Fragen wie: „Welche Situation verbindest du besonders mit welchem Sinn?“, oder: „Was glaubst du, mit welchem Sinn du am stärksten / am wenigsten wahrnimmst?“, können weitere Impulse setzen.

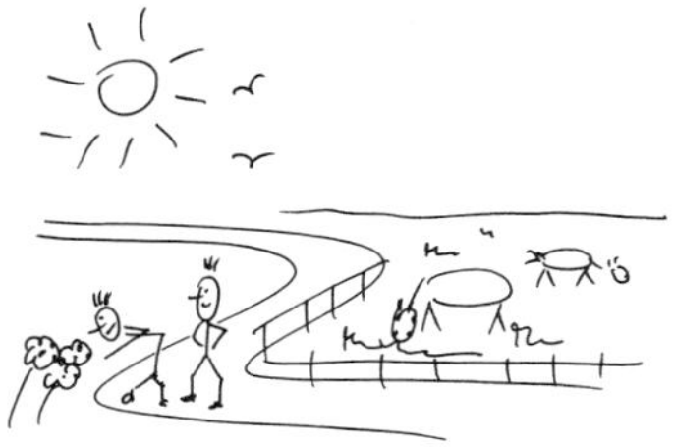

Spaziergang

Zeit → 15–30 Minuten

Material → keines

Ablauf → Im Rahmen eines Spaziergangs werden Zweier-Murmelgruppen gebildet, die sich einige Minuten über ein Thema austauschen, z. B.:

- die Zusammenarbeit in der Gruppe;
- die schönsten Momente im Seminar;
- was ich für mich mitnehme;
- die Leitung des Seminars;
- was ich mir anders gewünscht hätte.

Nach ein paar Minuten setzen sich die Murmelgruppen neu zusammen und besprechen ein anderes Thema. Im Anschluss werden die Eindrücke der Gespräche im Plenum ausgetauscht. Ein nettes Ambiente trägt hier viel zum Gelingen bei. Ein Abschlussspaziergang im Park, eine kleine Bootstour oder die Besteigung eines Kirchturms runden die Aufgabe angenehm ab.

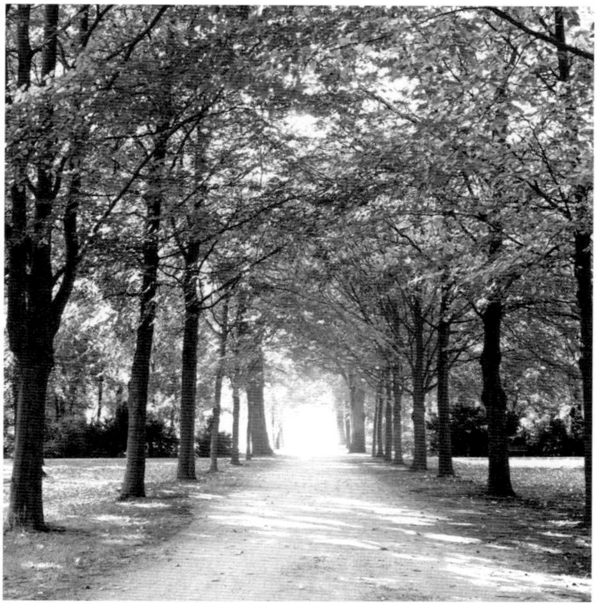

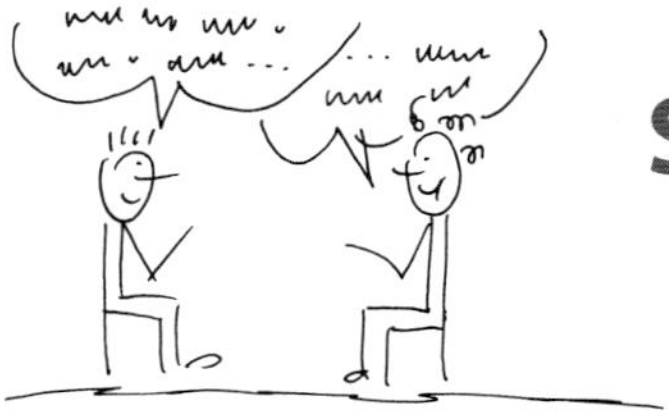

Statements

Zeit → 20–30 Minuten

Material → keines

Ablauf → Alle Teilnehmer und die Leitung setzen sich in einem Kreis zusammen. Die Leitung gibt einen Satzanfang vor, der nun „die Runde macht" und von jedem Teilnehmer für sich passend beendet wird. Ist die Runde fertig, so präsentiert die Leitung einen neuen Satzanfang. Es wird fortgefahren wie in der Runde zuvor.

Beispiele:

- Ich war aufgeregt, als …
- Ich war neugierig, als …
- Ich hätte mir gewünscht, dass …
- Ich freue mich, dass …
- Ich war gelangweilt, als …
- Ich war frustriert, dass …

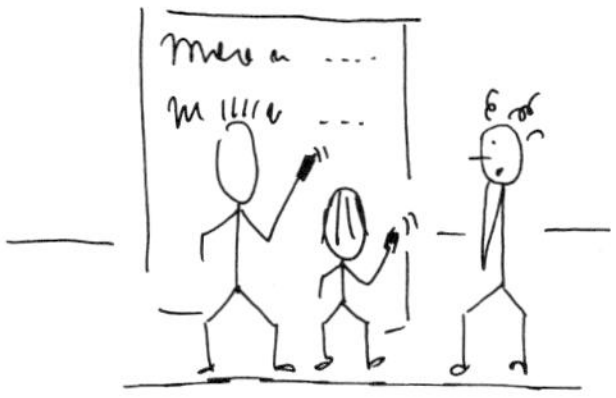

Stationslauf

Zeit → 10 Minuten pro Bodenzeitung

Material → Flipcharts, Marker, Uhr

Ablauf → Im Raum werden mehrere Flipcharts ausgelegt. Jedes Blatt ist mit einer Überschrift versehen, z. B.:

- Wünsche an die Gruppe
- Eindrücke aus der Stadt
- Was ich gerne anders hätte …
- Für die nächste Aufgabe nehme ich mir vor …
- Was ich zum Gelingen des Seminars beitrage, ist …
- Meine Erwartungen / Befürchtungen an das / vor dem Seminar …

Es werden so viele Kleingruppen gebildet, wie es Stationen mit Flipcharts (bzw. beschrifteten Blättern) gibt. Jede Kleingruppe beschäftigt sich zehn Minuten lang mit einer Station und notiert ihre Gedanken, Ergebnisse und Beiträge auf dem Flipchart. Nach zehn Minuten zieht jede Gruppe im Uhrzeigersinn eine Station weiter. Der Rundlauf endet, wenn jede Gruppe an jeder Fragestellung gearbeitet hat.

Anschließend gehen alle zur Besichtigung der Ergebnisse durch den Raum und tauschen sich zu den Beiträgen aus. Besonders wichtige, kritische wie positive Beiträge können auch als Schlagzeilen markiert werden!

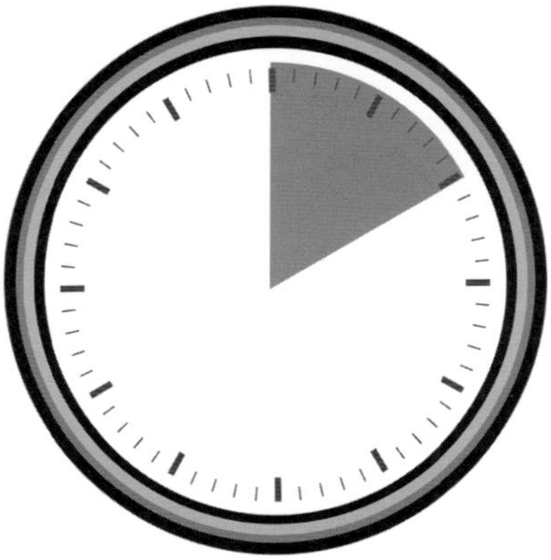

10 Min

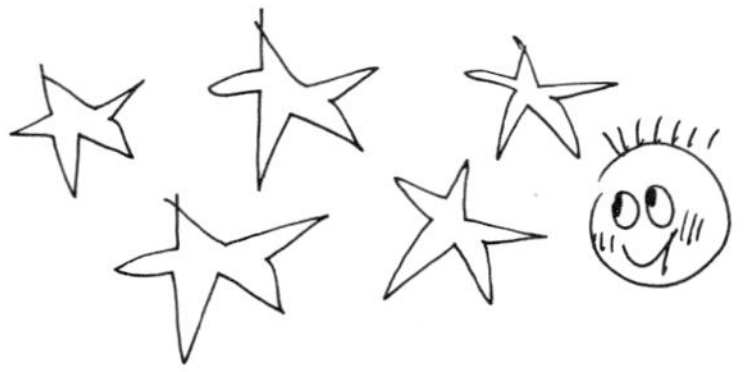

Sterntaler

Zeit → 10 Minuten pro Teilnehmer

Material → keines

Ablauf → „Sterntaler" ist geeignet für Rückmeldungen zu den Einzelaufgaben oder auch als Feedback für Kleingruppen. Die Teilnehmer (oder die Kleingruppen) erzählen vor der Gruppe ihr Erlebnis mit einer City-Bound-Aufgabe. Anschließend verlassen sie kurz den Raum. Die Gruppenmitglieder können sich nun untereinander oder mit der Spielleitung austauschen. Ziel hierbei ist es, positive Dinge zu benennen, unabhängig davon, ob die Aufgabe gelöst wurde oder nicht. Wenn jeder etwas Positives für sich gefunden hat, was er gerne zurückmelden möchte, dürfen die Erzähler wieder den Raum betreten. Dann bekommen sie ihre „Sterntaler" in Form von guten und aufbauenden Feedbacks.

Wichtig ist es, dass alle eine Rückmeldung abgeben und die Spielleitung darauf achtet, dass das Genannte wirklich einen positiven Charakter hat.

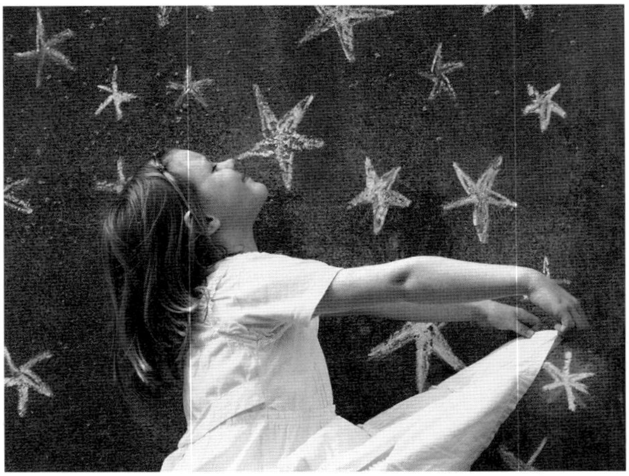

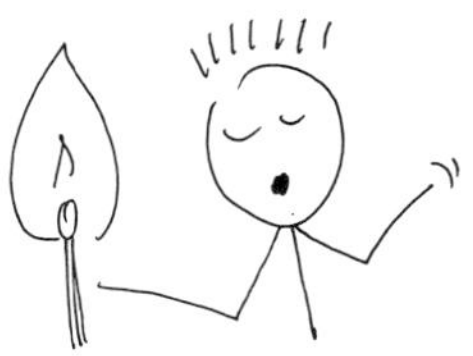

Streichholzreflexion

Zeit → 10–15 Minuten

Material → Streichhölzer, eventuell: Wunderkerzen

Ablauf → Eine Streichholzschachtel wird in der Gruppe herumgegeben. Die Person, die an der Reihe ist, entzündet ein Streichholz und hat nun so lange „Redezeit", bis dieses erlischt. Die einzelnen Beiträge bleiben unkommentiert.

Varianten / Ausbaumöglichkeiten → Anstatt der Streichhölzer können auch Wunderkerzen eingesetzt werden.

Hinweis
Die Streichholzreflexion eignet sich zur Kurzauswertung, da jeder Teilnehmer nur ein knappes Statement abgibt.

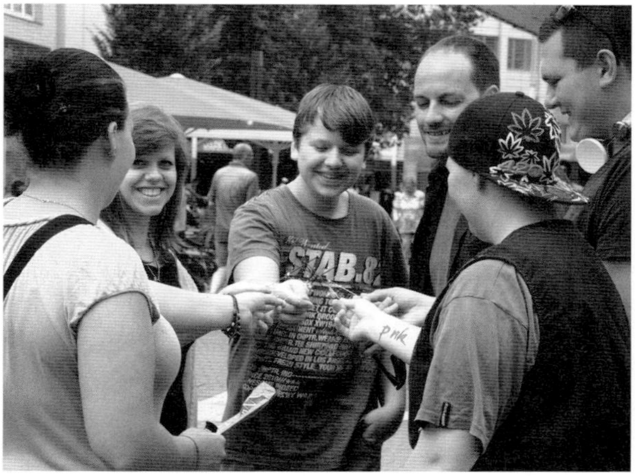

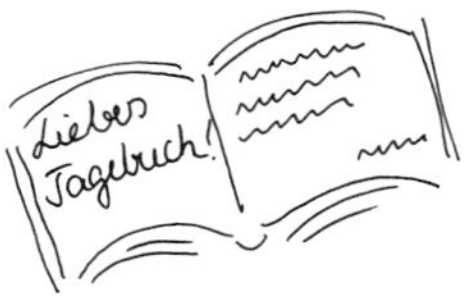

Tagebuch

Zeit → 5–10 Minuten, nach jeder Aufgabe

Material → Hefte, Stifte

Ablauf → Im Anschluss an eine Aufgabe suchen sich die Teilnehmer, ausgestattet mit einem Heft und einem Stift, ein ruhiges Plätzchen (möglichst jeder für sich alleine). Gedanken und Eindrücke, die unmittelbar nach der Aufgabe auftauchen, werden im Tagebuch notiert. Eine spätere, ausgiebige Reflexion kann dann an diese Aufzeichnungen anknüpfen.

Hinweis

Das Tagebuch eignet sich besonders als „Gedankenspeicher". Im Laufe einer Tagesveranstaltung können sich die Teilnehmer nach jeder Aufgabe Zeit für ihr Tagebuch nehmen.

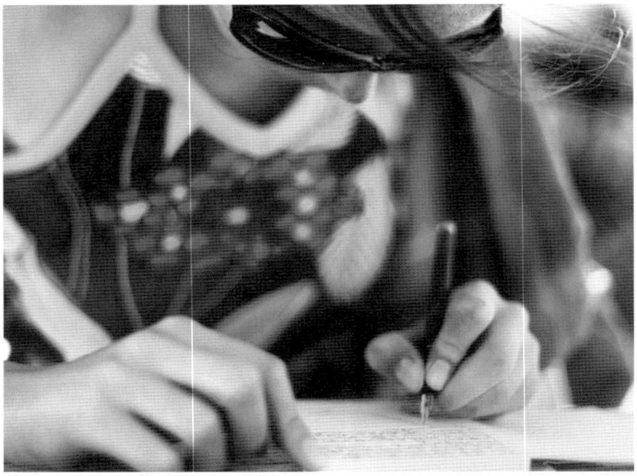

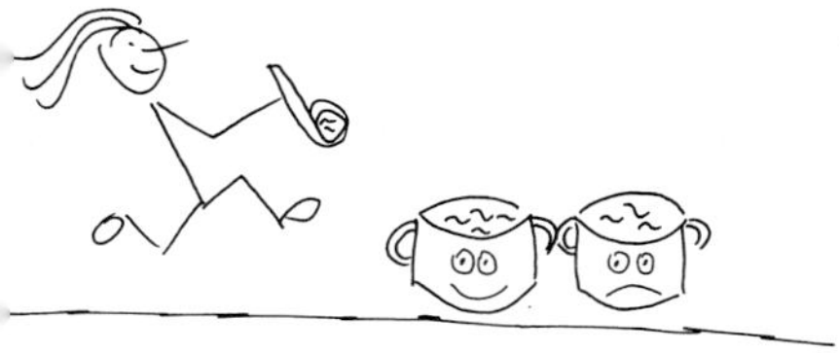

Wasserreflexion

Zeit → 20–30 Minuten

Material → 3 große Töpfe, 1 Schöpfkelle, Wasser, eventuell: Balkenwaage; Sand

Ablauf → Ein Topf wird mit Wasser gefüllt, die anderen beiden Töpfe stehen für einen „guten" Topf und einen „schlechten" Topf. Jeder Teilnehmer soll am Ende des Tages seine Meinung zum Seminar abgeben und dann eine (oder mehrere) Schöpfkelle(n) mit Wasser entweder in den „guten" oder in den „schlechten" Topf geben. Seine Meinung sollte er nach Möglichkeit auch begründen.

Varianten / Ausbaumöglichkeiten → Die Töpfe stehen auf einer Balkenwaage. So ist sofort erkennbar, welche Meinung (gut oder schlecht) überwiegt. Für diese Reflexion könnten auch andere Materialen, wie z. B. Sand, genutzt werden.

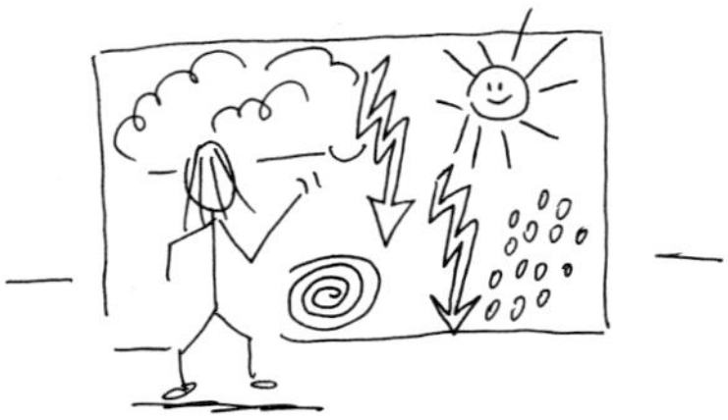

Wetterbericht

Zeit → 20–30 Minuten

Material → großes Poster, Karten oder Aufkleber mit Wettersymbolen, Stifte, eventuell: Kleber

Ablauf → Die Wettersymbole (Sonne, Regen, Wolken, Sturm, Blitz usw.) werden erläutert. Die Teilnehmer sollen nun zu den einzelnen Programmpunkten jeweils ein Wettersymbol auf eine gemeinsame Wetterkarte kleben oder aufzeichnen und ihre Wahl anschließend auch erläutern. So kann jeder Programmbaustein mit einer Wetterkarte versehen werden.

5 Beispielseminare aus der Praxis

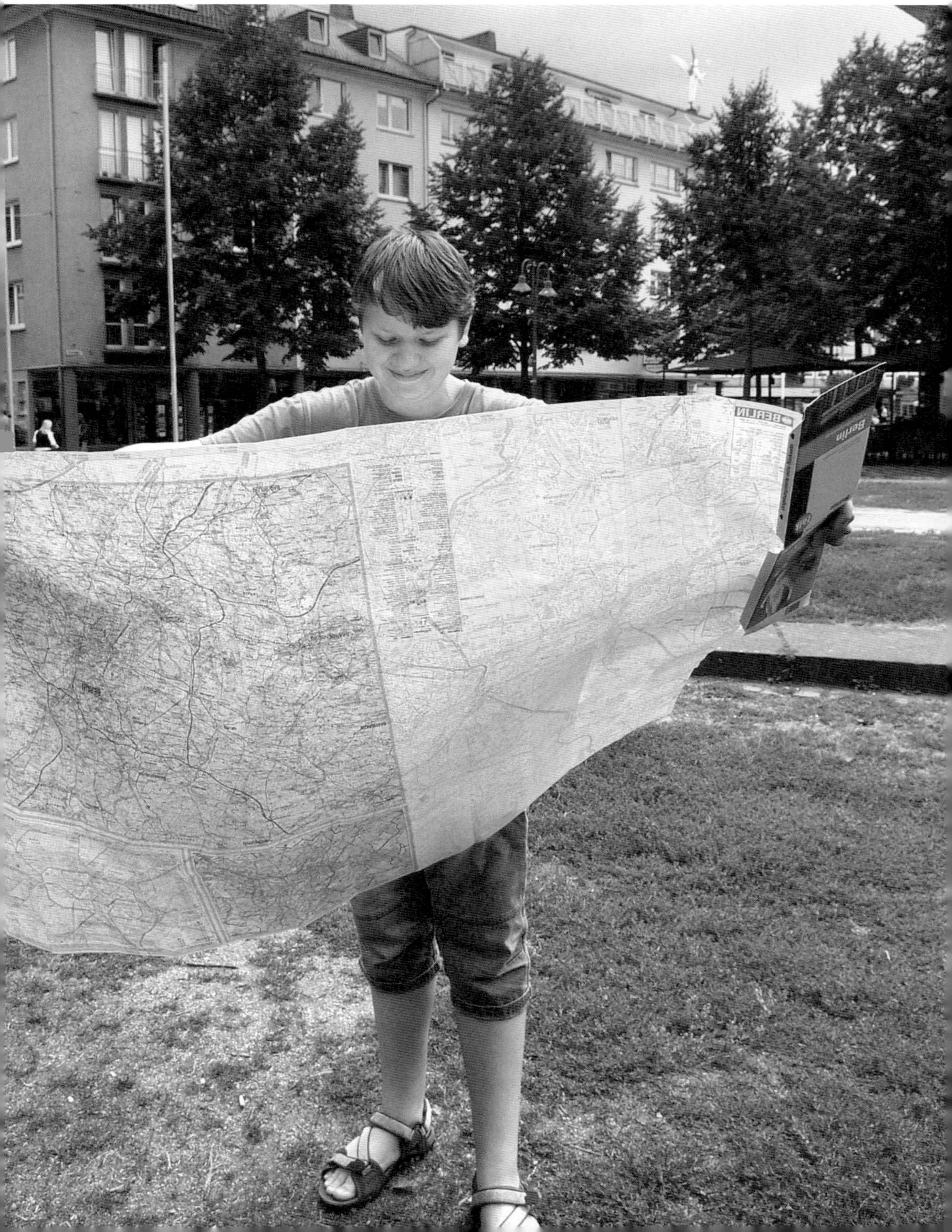

5.1 Seminar „Starke Klasse“ (siehe auch Download-Material)

City Bound zum Thema „Gruppenfindung“

Ziele: Verbesserung des Gruppenklimas, gegenseitiges Kennenlernen, Wahrnehmung von Rollenmustern, Sensibilisierung für den Umgang miteinander in Konfliktfällen, Förderung der Kommunikationsfähigkeit

Freitag

15:00 Uhr Anreise in der Jugendherberge, Zimmer beziehen

16:00 Uhr Begrüßung, Vorstellung, Kennenlernen

Anschließend: Warm up „Sortieren auf dem Stuhlkreis“

Alle Teilnehmer rücken ihre Stühle im Kreis dicht aneinander. Anschließend stellt sich jeder auf seinen Stuhl. Die Aufgabe besteht darin, sich auf den Stühlen nach dem Anfangsbuchstaben des Vornamens in der richtigen Reihenfolge zu sortieren.

Dabei gibt es drei Handicaps:

- Es darf nicht gesprochen werden,
- keiner darf den Boden berühren oder sonst irgendwelche Hilfsmittel benutzen und
- es wird auch nicht vorher festgelegt, wo der Startpunkt ist oder in welche Richtung die Sortierung verlaufen soll.

Mögliche weitere Kriterien für die Sortierung: Alter oder Größe.

17:00 Uhr **„Stop and Go“**

Alle Teilnehmer bewegen sich durch den Raum. Ruft der Spielleiter „Stop“, bleiben alle stehen. Geht eine Person weiter, bewegen sich alle weiter. „Stop“ rufen darf ab jetzt jeder.

Variation:

- Das „Stoprufen“ wird durch einfaches Stehenbleiben ersetzt.
- Steht einer, stehen alle. Sobald der Erste sich wieder bewegt, folgt die komplette Gruppe.
- Es werden verschiedene Gangarten vorgegeben, die alle Teilnehmer nachahmen.
- Alle versuchen, die Gruppe im Blickfeld zu halten. Bei „Stop“ schließen alle ihre Augen und der Spielleiter stellt Fragen, z. B.: Welche Farbe hat das T-Shirt von Horst? Wo steht Franzi? Zeigt mit dem Finger in ihre Richtung. Alle beantworten diese Fragen oder führen den Fingerzeig durch. Anschließend öffnen alle die Augen und überprüfen die Antworten.
- Wenn die Gruppe steht, versuchen alle, *nacheinander* ihre Namen zu sagen. Reden zwei Personen gleichzeitig, beginnt ein neuer Versuch.

17:30 Uhr	Programmvorstellung, Ablauf, Organisatorisches
18:00 Uhr	Abendessen
19:00 Uhr	**Kooperationsspiel als Einstieg** **Kleingruppenarbeit, getrennt nach Jungen / Mädchen** • Was brauche ich, um mich in einer Gruppe wohlzufühlen? • Sammlung, Visualisierung auf dem Flipchart. Anschließend Vorstellung und Diskussion im Plenum.
20:30 Uhr	Tagesauswertung
Samstag	
09:00 Uhr	Frühstück
10:00 Uhr	Warm up Einführung in die City-Bound-Aufgaben: Ablauf, Regeln, Sicherheitshinweise, Handynummern, Stadtplan, Treffzeiten und -orte.
11:00 Uhr	„Fotorallye" in Kleingruppen (siehe Seite 60)
12:00 Uhr	„Blitzlicht" in Kleingruppen (siehe Seite 115)
12:30 Uhr	Mittagspause
13:30 Uhr	**„Bitte lächeln"** in zwei Gruppen (siehe Seite 42)
14:30 Uhr	**Auswertung und Reflexion in der Kleingruppe** Schlüsselfragen: • Wie waren die Reaktionen der angesprochenen Leute? • War es einfach / schwer, fremde Menschen anzusprechen? • Wie habt ihr die Personen überzeugt, euch bei der Aufgabe zu helfen? • Wer hat welche Aufgabe übernommen, wie wurden die Rollen verteilt? • Wie war die Stimmung in der Gruppe? • Wie wurde die Lösungsstrategie entwickelt? • Kam es zu Meinungsverschiedenheiten und wie wurden sie gelöst?
15:00 Uhr	Zeit zur freien Verfügung
18:00 Uhr	Abendessen
19:00 Uhr	„Lichterkette" (siehe Seite 69)
21:00 Uhr	**„Kerzenreflexion"** (siehe Seite 130) Fokus auf konstruktive Rückmeldung legen. Je nachdem, ob eine Rückmeldung positiv oder negativ ist, wird ein Teelicht an- oder ausgemacht.

Sonntag

9:00 Uhr	Frühstück – Zimmer räumen
10:00 Uhr	Tageseinstieg – Kooperationsspiele
11:00 Uhr	**„Stationslauf"** (siehe Seite 139) Station 1: Was macht uns zu einer starken Gruppe? Station 2: Was können wir tun, um gemeinsam noch stärker zu werden? Station 3: Was brauchen wir von der Gruppenleitung / von der Schule …, um gemeinsam stark zu bleiben?
11:30 Uhr	Vorstellung und Diskussion im Plenum Gemeinsames Sammeln weiterer Ziele
12:00 Uhr	Seminarauswertung, „Fünf-Finger-Reflexion" (siehe Seite 122)
12:30 Uhr	Mittagspause
13:30 Uhr	Verabschiedung, Abreise

5.2 Seminar „JobFIT" (siehe auch Download-Material)

JobFIT – City Bound zum Thema „Berufsorientierung"

Ziele: Individuelle Berufsorientierung fördern, Horizont über Berufe-Spektrum erweitern, Orientierungskompetenz in einer fremden Stadt fördern, Fremdwahrnehmung und Auftreten als Bewerber reflektieren

Montag

10:00 Uhr Anreise in der Jugendherberge / Zimmer beziehen

11:30 Uhr Begrüßung / Organisatorisches / Regeln / Programmvorstellung / Handyliste

12:00 Uhr Mittagspause

13:30 Uhr **Kennenlernspiele**

„Ich-Ich-nicht-Aufstellung"
Im Seminarraum werden eine Wand mit dem Schild „Ich" und die gegenüberliegende Wand mit dem Schild „Ich nicht" markiert. Die Teilnehmer sollen sich zu verschiedenen Fragen je nach ihrer Antwort unter den beiden Schildern oder auf einer (gedachten) Linie dazwischen aufstellen.

Fragen:
- Wer von euch hat bereits einen konkreten Berufswunsch?
- Wer hat schon mal ein Praktikum gemacht?
- Wer hat schon mal eine Bewerbung abgeschickt?
- Wer hat schon mal an einem Vorstellungsgespräch / Auswahlverfahren teilgenommen?
- Wer war schon mal bei der Berufsberatung?
- Wer möchte gerne weiter zur Schule gehen?

Einzelne Teilnehmer werden zwischendurch zu ihren Positionen befragt. Hier können Erfahrungen / Details erfragt werden.
Eventuell können weitere Fragen seitens der Teilnehmer gestellt werden. Die Gruppe stellt sich dann auch dazu unter das entsprechende Schild oder zwischen den beiden Schildern auf.

Pause

15:00 Uhr „MR. X – Verfolgungsjagd im Frankfurter Untergrund" (siehe Seite 94)
Input / Wissenscheck: Wie lese ich einen U- und S-Bahn-Plan?

18:00 Uhr Abendessen
Anschließend Zeit zur freien Verfügung.

Dienstag

9:00 Uhr	Frühstück
10:00 Uhr	Tageseinstieg Warm ups
11:00 Uhr	„Berufestammbaum" (siehe Seite 114)
12:00 Uhr	Mittagspause
13:30 Uhr	Ergebnisse der Einzelarbeit werden zusammengetragen; Fokusfragen (siehe Seite 114)
14:30 Uhr	Pause
14:45 Uhr	„Berufe-Rallye": „Stempeljagd" (siehe Seite 85) „Der Outfit-Knigge" (siehe Seite 51, hier: „Das richtige Bewerber-Outfit") „Harte Jobs" (siehe Seite 61)
16:45 Uhr	Ausführliche Erzählrunde zu den einzelnen Modulen der „Berufe-Rallye"
17:30 Uhr	Gemeinsamer Rückweg zur Jugendherberge
18:00 Uhr	Abendessen
19:00 Uhr	**Vorbereitung „Praktikum für 30 Minuten"** Die Einzelaufgabe für den Folgetag wird angekündigt. Entsprechend der eigenen beruflichen Interessen soll sich jeder Teilnehmer einen Praktikumsplatz für ein 30-minütiges Praktikum suchen. Telefonbuchrecherche: Unter Anleitung recherchieren die Teilnehmer im Telefonbuch, in den Gelben Seiten und (falls vorhanden) im Internet nach möglichen Betrieben und den entsprechenden Adressen.
	Anschließend Zeit zur freien Verfügung.

Mittwoch

9:00 Uhr	Frühstück Zimmer räumen
10:00 Uhr	Tageseinstieg Morgenrunde anhand von Gefühlskarten (siehe Seite 124) Warm ups
11:00 Uhr	**Vorbereitung „Praktikum für 30 Minuten"** • Weitere Recherche nach Adressen von interessanten Betrieben sowie • Sammlung möglicher Strategien für die Vorstellung des Projektes im Betrieb und die Überwindung der eigenen Nervosität. • Wie gelingt ein positiver erster Eindruck, auf was sollte man achten? Erläuterung der Praktikumsbescheinigung für das Kurzpraktikum.
12:00 Uhr	Mittagspause
14:00 Uhr	**„Praktikum für 30 Minuten"** (siehe Seite 74) Ausgerüstet mit Adressen, einem Stadtplan und einer Praktikumsbescheinigung gehen die Teilnehmer einzeln die Aufgabe an. Die Leiter halten sich während der Aufgabe an einem zentralen Ort auf und sind bei Bedarf ansprechbar.
15:30 Uhr	**Ausführliche Erzählrunde** Fragen: • Welche Erfahrungen habt ihr gemacht? • Wie seid ihr die Aufgabe angegangen? • Welche Strategien waren hilfreich, welche nicht? • Welche Rückmeldungen habt ihr von den Arbeitgebern bekommen? • Was davon ist für euch besonders bedeutsam? • Wenn ihr euch im Alltag um einen Praktikums- oder Ausbildungsplatz bewerben werdet: – Welche Erfahrungen könnt ihr nutzen? – Was werdet ihr anders machen? usw.
16:30 Uhr	Pause
16:45 Uhr	Seminarauswertung „Schatzkiste und Mülleimer" (siehe Seite 134)
17:00 Uhr	Seminarende und Rückfahrt

5.3 Seminar „Vier Tage Perspektivenwechsel" (siehe auch Download-Material)

City Bound zum Thema „Stärken sehen und erweitern"

Ziele: Bewusstsein der eigenen Stärken fördern, Selbstbewusstsein stärken, Selbst- und Fremdwahrnehmung thematisieren und reflektieren

Donnerstag

12:00 Uhr Anreise in der Jugendherberge / Zimmer beziehen

13:00 Uhr Mittagspause

14:30 Uhr Begrüßung / Organisatorisches / Regeln

15:00 Uhr **Kennenlernspiele**

Kartenabfrage:
- Wenn ich an die bevorstehenden Tage denke, hoffe ich …
- Wenn ich an die bevorstehenden Tage denke, befürchte ich …

Kurzvorstellung „City Bound":
- Was ist „City Bound"? Was ist Sinn und Ziel von City-Bound-Aufgaben?
- Programmübersicht: Was erwartet euch in den nächsten Tagen?

16:30 Uhr Pause

17:00 Uhr Thematischer Einstieg
„Ausgezeichnet" (siehe Seite 112)

18:00 Uhr Abendessen

19:00 Uhr „Mit anderen Augen sehen" (siehe Seite 132)
„Geheimer Beobachter" (siehe Seite 125)

Freitag

8:00 Uhr	Frühstück
9:00 Uhr	Tageseinstieg Befindlichkeitsrunde Warm ups
10:00 Uhr	**Stadterkundung** Zwei Gruppen werden gebildet. Jede Gruppe bekommt einen Fragebogen, Stift, Stadtplan und eine Kamera. Aufgabe: Die Gruppen haben 90 Minuten Zeit, um anhand des Fragebogens (siehe Seite 160f.) die Stadt zu erkunden.
12:30 Uhr	Mittagspause
14:00 Uhr	Ergebnisse der Stadterkundung werden zusammengetragen.
15:00 Uhr	**„Bitte lächeln"** (siehe Seite 42) Macht ein Foto, auf dem 16 Personen zu sehen sind, die sich eigens für euch aufstellen. Auf dem Foto sollen Kinder, Jugendliche, Personen nicht-deutscher Nationalität, ein Mann mit Hut, ein Fahrrad und ein Hund zu sehen sein. Ihr habt 60 Minuten Zeit.
16:00 Uhr	**„Ja-Nein-Aufstellung"** (siehe Seite 129) Aussagen: • Ich habe mich in der Gruppe wohlgefühlt. • Ich habe viel zur Lösung der Aufgabe beigetragen. • Ich bin mit dem Ergebnis zufrieden. • Die Aufgabe hat mich herausgefordert. • Während der Aufstellungen werden einzelne Teilnehmer gebeten, ihren gewählten Standpunkt zu erläutern, z. B.: – Warum hast du dich dort aufgestellt? – Was hat dich besonders gefordert? – Was hätte die Gruppe tun können, damit du etwas weiter vorne stehst?
16:30 Uhr	„Eine Einladung zum Eis" (siehe Seite 56)
17:00 Uhr	**Erzählrunde** In einer kurzen Runde berichten die Gruppen von ihren Erlebnissen. Nachfragen seitens der Leitung und der anderen Teilnehmer sind erwünscht.
18:00 Uhr	Abendessen Ankündigung der Einzelaufgaben am Folgetag. Die Teilnehmer sollen sich Gedanken machen, was eine passende und fordernde Aufgabe für sie sein könnte. Anschließend Zeit zur freien Verfügung.

Samstag

8:00 Uhr	Frühstück
9:00 Uhr	Tageseinstieg Warm ups
9:30 Uhr	Gemeinsame Erarbeitung der Einzelaufgaben Einzelgespräche Sammlung der eigenen Ideen; falls nicht vorhanden, Vorschläge der Leiter, Erarbeitung einer individuell passenden Einzelaufgabe
11:00 Uhr	**Einzelaufgaben** Es werden Zweiergruppen gebildet, innerhalb jeder Gruppe sollen die Teilnehmer ihre Aufgabe *alleine* durchführen. Der Partner soll vorher und nachher begleiten und eventuell die Einzelaufgabe des Anderen per Kamera dokumentieren. Aufgabenbeispiele: • Jongliere 15 Minuten in der Innenstadt. • Tausche einen Tennisball so lange gegen etwas Höherwertiges, bis du mit dem Ergebnis zufrieden bist. • Stelle dich mindestens einer fremden erwachsenen Person vor und wünsche ihr einen schönen Tag. • Setze dich in ein Café, in das du üblicherweise nicht gehen würdest. Bestelle dir einen Kaffee und frage anschließend nach der Tageszeitung. • Informiere dich in einem Geschäft, was zu einer Kletterausrüstung dazugehört und wie viel Geld man hierfür investieren muss. • Organisiere dir eine Anzugberatung in einem Geschäft deiner Wahl.
12:30 Uhr	Mittagspause
14:00 Uhr	**Ausführliche Erzählrunde** Schlüsselfragen: • Was genau hat dich Überwindung gekostet? • Auf was hast du bei der Wahl der Personen / Geschäfte geachtet? • Was hat dich abgeschreckt? Was hat dir geholfen, dich zu überwinden? • Was würdest du anders machen, wenn du die Aufgabe wiederholen könntest? Was denkst du, welchen Eindruck du bei deinem Gegenüber hinterlassen hast? • Welche Fähigkeiten musstest du hier an den Tag legen? • In welchen Alltagssituationen könntest du diese Fähigkeiten nutzen?
	Anschließend Zeit zur freien Verfügung.
	Abends gemeinsame Abschlussaktivität nach Wahl.

Sonntag

8:00 Uhr	Frühstück Zimmer räumen
10:00 Uhr	Tageseinstieg Morgenrunde „Reste von gestern“ Warm ups
10:30 Uhr	**Auswertung „Geheime Beobachter“** Die Teilnehmer bringen ihre Notizzettel mit. In der Runde tragen sie nacheinander vor, wen sie im Laufe des Seminars beobachtet haben und was ihnen positiv aufgefallen ist. Anschließend können die anderen Teilnehmer sowie die Leitung diese Rückmeldung ergänzen. Jede Rückmeldung an einen Teilnehmer wird mit einer Applausrunde abgeschlossen.
11:30 Uhr	Seminarauswertung „Schlussreflexion“ (siehe Seite 135)
12:00 Uhr	Mittagspause
	Abreise

Zum Ausklang

Die Jagd nach dem Koffer

Mein Name ist Lisa und ich erzähle euch heute von unserer Mädchenfreizeit in Frankfurt am Main. Die drei Tage standen unter dem Thema „Börse, Banken und Moneten". ‚Klingt ja nicht sehr spannend – nun ja, Hauptsache, weg mit den Mädels!', dachte ich und so machte ich mich mit sechs Freundinnen aus unserem Jugendtreff und zwei Betreuerinnen auf den Weg in die Großstadt.

Am zweiten Tag stand eine Stadtführung auf dem Programm. Wir trafen Frau Elmati am Justitia-Brunnen vor dem Römer. Sie führte uns durch Frankfurts Bankenviertel und erzählte uns, wie man damals und heute in Frankfurt Geld verdienen konnte und welche Rolle heute die vielen Banken und die Börse spielen. Erst gegen Ende fiel mir auf, dass Frau Elmati die ganze Zeit einen großen, silbernen Koffer mit sich rumschleppte. Als unsere Führung an der Frankfurter Börse endete, verriet sie uns den Inhalt des seltsamen Koffers.

„In dem Koffer ist viel Geld drin. Ein russischer Aktionär möchte es an der Börse anlegen und hat mich gebeten, es für ihn auf der Bank zu deponieren", erklärte Frau Elmati. „Krass! Ist das nicht gefährlich, mit so viel Geld durch die Gegend zu laufen?", fragte Aylin, meine Freundin. „Der Koffer ist abgeschlossen und die Volksbank ist ja direkt nebenan", sagte die Stadtführerin. „Echt abgefahren, dürfen wir das Geld mal sehen?", fragte ich. „Klar, das können wir machen – ich suche nur schnell den Schlüssel, dann zeige ich es euch", sagte Frau Elmati und kramte in ihrer Tasche. Plötzlich – innerhalb von Sekunden – kam so ein Typ mit bunten Klamotten vorbei, schnappte sich den Koffer und rannte weg.

„Krass!", „Krass! Der hat den Koffer geklaut!", rief es aus unserer Gruppe. Geschockt schaute ich zu Tanja und Sara, unseren Betreuerinnen, rüber. Auch die standen verwirrt und mit aufgerissenen Augen da und konnten es nicht fassen. „Der Typ sah aus wie ´n Touri!", rief Pia, „er ist da lang gelaufen ..." Auch Frau Elmati war fassungslos. „Mein Geld!", rief sie, „mein Geld ist weg!" Nach den ersten Schrecksekunden verabschiedete sich Frau Elmati von uns: „Ich gehe schnell zur Polizei!", sagte sie und eilte davon.

Aylin lief zu zwei Bauarbeitern, die nicht weit von uns arbeiteten. „Hey, haben Sie eben einen Mann mit einem silbernen Koffer wegrennen sehen?" „Ja, der ist die Straße dort entlanggerannt", antworteten die Arbeiter. „Kommt, wir laufen hinterher!", schrie Aylin und war schon drauf und dran, die Verfolgung aufzunehmen. Doch Sara und Tanja hielten uns auf und schlugen vor, erst mal nachzudenken und zu überlegen, wie der Mann ausgesehen habe. „Jeans, rotes Hemd!", schoss Aylin hervor. „Und so 'nen grünen Rucksack", ergänzte Milla. Tanja schrieb alles auf. Drei-Tage-Bart, braune Haare, Turnschuhe – wir bekamen alle wichtigen Merkmale zusammen. „Also los – vielleicht finden wir ihn noch", versuchte es Aylin noch mal. Wir liefen los. Kurze Zeit später hörten wir Tanja rufen: „Hey, Mädels, wartet mal. Schaut euch das mal an." Sie hielt uns ihr Handy hin und ich las die SMS laut vor:

„Ich habe nicht nur euer Geld, sondern auch eure Telefonnummer!
Wenn ihr euer Geld wieder haben wollt: Findet Paula an der Goethestatue
… Nur sie kann euch helfen!"

„Oah, das ist alles nur ´n Fake!", rief Milla. „Das war alles geplant, stimmt´s?", grummelte Laura. Aylin und ich schauten uns an. „Na los, Mädels, lasst uns doch mal gucken an der Goethestatue", rief Aylin und ging los. Die anderen kamen ihr nach. Wir fragten zwei Passanten nach dem Weg zur Goethestatue und fanden sie schnell. Eine junge Frau saß dort alleine auf einer Bank. „Das muss Paula sein", sagte Kim. Sie lag richtig.

Paula erzählte uns, dass Rocco Zimbardo hinter dem Diebstahl stecke. Er sei bereits bekannt unter dem Namen „die Elster", weil er ständig Dinge klaue, bisher aber nicht gefasst werden konnte. Rocco mache sich mittlerweile einen Spaß aus der ganzen Sache. Die Polizei habe keine Chance gegen ihn – er sei viel zu schnell und viel zu schlau, um sich fassen zu lassen. „Ich kann euch helfen, die Elster zu fassen. Vielleicht gelingt es euch, ihr einen Strich durch die Rechnung zu machen", schloss Paula.

Sie zog ein Foto aus der Tasche. „Das ist Marlon. Er kann euch helfen, Rocco zu fangen. Er verbringt seine Mittagspause immer im Café Weidenweber. Das ist in der Nähe der Konstabler Wache. Auf der Zeil, neben McDonalds, geht links eine Seitenstraße ab – hier befindet sich das Café Weidenweber", erklärte Paula. „Cool, das finden wir!", rief ich. „Aber ihr müsst wissen", fuhr Paula fort, „Marlon ist etwas eigen – er redet nur, wenn ihr die folgende Aufgabe erfüllt." Und Paula gab uns vier Ostereier sowie einen Zettel mit der Aufschrift:

Findet Marlon!
Tauscht eure vier Ostereier gegen folgende Gegenstände ein:
eine Zeitung,
einen Becher Kaffee,
ein Feuerzeug und
eine Blume.
Nur wenn es euch gelingt, Marlon diese vier Gegenstände zu bringen, wird er euch helfen. Ihr habt eine Stunde Zeit …

Wir fackelten nicht lange und machten uns auf den Weg. Die Zeitung war schnell besorgt. Ein Typ von der Frankfurter Rundschau suchte ohnehin gerade Leute, denen er ein Gratis-Exemplar zum Probelesen andrehen durfte. Ein Feuerzeug hatte Milla sowieso dabei. Einen Becher fischten wir aus dem Müll, bei Starbucks kippten wir ein paar Kaffeereste hinein. Auch eine Blume hatten wir schnell organisiert, die wachsen ja überall. Getrickst? Ja, schon, aber so hatten wir zumindest schnell die vier Gegenstände für Marlon zusammen.

Also, nix wie hin zum Café Weidenweber. Anhand des Fotos, das uns Paula mitgegeben hatte, war Marlon schnell gefunden. Er saß an einem Tisch vor dem Café und las Zeitung. Kichernd einigten wir uns, wer ihn anspricht. Aylin ging voraus, wir alle hinterher. „Bist du Marlon?", fragte sie grinsend. „Ja", sagte der Mann, „setzt euch doch." Als Erstes prüfte er kritisch die vier Gegenstände, die wir für ihn besorgt hatten. Zufrieden stellte er fest, dass alles da war. „Nun gut, dann werde ich euch helfen. Ich rufe Rocco mal an und schaue, wo er sich rumtreibt", sagte Marlon und tippte auf seinem Handy rum. Wir hörten das Gespräch. „Hi, Rocco, altes Haus. Wo steckste? Aha, unterwegs im U-Bahn-Netz. Keine schlechte Idee, mein Freund, das muss ich dir lassen. Ich habe hier eine Gruppe sehr charmanter Damen, die sind auf der Suche nach dir. Mhhm. Ja. Du willst spielen? Okay, dann spielen wir! Ich schicke die Ladies gleich los."

Anschließend gab uns Marlon U- und S-Bahn-Pläne, teilte uns in zwei Gruppen ein, händigte jeder Gruppe eine Fahrkarte aus und erläuterte die Regeln. „Rocco fährt immer im ersten Zugabteil, nehmt immer die nächstmögliche Verbindung, beachtet die Spielfeldgrenzen, alle zehn Minuten gibt es eine Info über Roccos Standort ..." Und so weiter. „Alles klar!", dachte ich, „alles abgespeichert." „Können wir jetzt los?", fragte Aylin unruhig. „Wenn ihr Rocco findet, nehmt ihn fest und bringt ihn zur Konstabler Wache", sagte Marlon und gab uns Plüschhandschellen mit. „Witzig!" – „Noch Fragen?" – „Nein!" – „Können wir jetzt los?" – „Ja!", und schon stürmte ich mit meiner Gruppe los.

Wir haben keinen Meter nachgedacht, sondern sind einfach in die nächste U-Bahn gesprungen. „Okay, Leute, wohin fahren wir jetzt?", fragte ich abgehetzt. Aylin machte sich am U-Bahn-Plan zu schaffen. „Keine Ahnung", sagte sie. Allmählich bekamen wir raus, welche Linie in welche Richtung fährt und wie wir möglichst schnell von A nach B kamen. Ich war vorher nie mit der U-Bahn gefahren. Ich hatte bisher immer Schiss, weil ich die Pläne nie gecheckt hatte. Aber diesmal habe ich gar nicht groß nachgedacht, sondern bin einfach mitgelaufen.

Alle zehn Minuten gab uns Marlon per Handy Roccos Standort durch. „Gleich müssen wir ihn doch haben, oder?", fragte ich. Gegen Ende trafen wir zufällig die andere Gruppe am Bahnsteig. „Das gibt´s doch nicht", rief Milla, „der muss doch zu kriegen sein!" Wir beschlossen, in der verbleibenden Zeit gemeinsam zu fahren. „Rocco ist in der S6, Höhe Berkersheim", berichtete Marlon. „Cool, dann haben wir ihn gleich!", sagte Aylin.

Und so war es. An der nächsten Station sahen wir Rocco mit dem Koffer in die S-Bahn steigen. Wir rannten hinter ihm her, hielten ihn fest, rissen ihm den Koffer aus der Hand und legten ihm die Handschellen an. Wir jubelten und grölten. Die anderen Fahrgäste schauten uns komisch an und wunderten sich wohl, was wir mit dem armen Kerl machten. Wir waren aber so in Action, dass wir all das nur am Rande mitbekamen. Aylin rief Marlon an. „Wir haben ihn!", brüllte sie in den Hörer. „Wahnsinn", sagte Marlon, „dann bringt ihn zu mir."

An der Konstabler Wache erwarteten uns Marlon, Sara und Tanja. Auch Paula war dort. Im Koffer fanden wir Schokogeld und Lachgummi. Außerdem gab´s Lob von unseren Betreuerinnen. Tanja stellte uns Rocco, Marlon und Paula als Praktikanten und Bekannte von ihr vor und freute sich, dass sich die Drei als Schauspieler zur Verfügung gestellt hatten. Was für ein Tag!

In der Auswertung der Freizeit fragte Tanja: „Und, was werdet ihr zu Hause als Erstes erzählen?" „Die Jagd nach dem Koffer!", rief es aus allen Ecken.

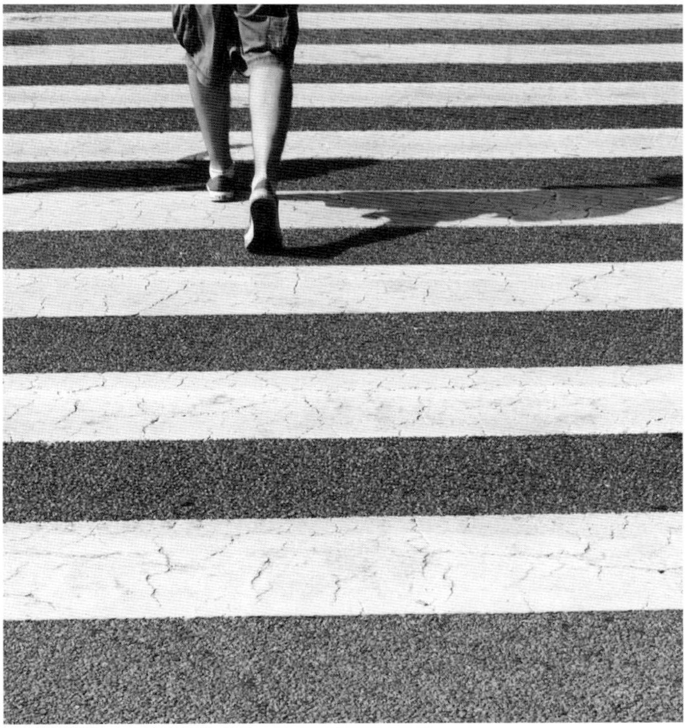

Fragebogen zur Erkundung der Stadt ______________

Die Stadt ______________ hat einiges zu bieten. Erkundet die Stadt, indem ihr folgende Aufgaben löst:

1 Findet heraus, wie viele Einwohner ______________ hat!

Notizen: ______________

2. Gibt es berühmte Persönlichkeiten, die in ______________ gelebt haben, aus dieser Stadt kommen oder früher mal hier waren?

Notizen:

3. Findet mindestens drei erwachsene Personen, die ihr interviewen dürft. Macht ein Foto von euren Interviewpartnern und stellt ihnen folgende Fragen:
   a) Was sollte man in ______________ unbedingt gesehen haben?
   b) Wo kann man abends gut ausgehen?
   c) Welche Orte / Plätze gefallen Ihnen besonders gut?
   d) Was gefällt Ihnen an ______________ gar nicht?

Notizen:

4. Fragt mindestens drei Jugendliche:
   a) … wie sie ihre Freizeit verbringen.
   b) … was ______________________ speziell für Jugendliche bietet.

Notizen:

____

____

____

____

____

5. Fotografiert auf eurer Tour Sehenswürdigkeiten, Dinge oder Situationen, die euch gefallen / auffallen.
   Wenn ihr wollt, sammelt selbst weitere Infos über ______________________ .

Notizen:

____

____

____

____

____

6. Macht ein Foto von eurer Kleingruppe an einem zentralen Platz / vor einem berühmten Bauwerk der Stadt.

Viel Spaß!

Praktikumsbescheinigung

Herr/Frau ______________________ hat am ______________________

im Zeitraum von __________________ bis __________________ Uhr ein Praktikum

in unserem Betrieb absolviert.

Folgende Aufgaben wurden im Rahmen des Praktikums bewältigt:

____

____

____

____

Der Bewerber/die Bewerberin hinterließ folgenden Eindruck:
(hier bitte möglichst detaillierte Angaben zum Auftreten, zur Kontaktaufnahme und zur Selbstpräsentation seitens des Bewerbers/der Bewerberin)

____

____

____

____

Die Eignung des Bewerbers/der Bewerberin für den Beruf wird wie folgt bewertet:

____

____

____

____

_____________________ _____________________

Stempel des Betriebes Unterschrift des Leiters/der Leiterin

Literaturverzeichnis

CROWTHER, C. (2005): City Bound. Erlebnispädagogische Aktivitäten in der Stadt. erleben & lernen, Band 7. München.

DEUBZER, B., FEIGE, K. (2004): Praxishandbuch City Bound. Erlebnisorientiertes soziales Lernen in der Stadt. Augsburg. (Hier sei besonders empfohlen das Kapitel „Rechtliche Aspekte" von K. Umbach und B. Deubzer.)

PROJECT ADVENTURE (1995): Kursmaterial zu „Advanced Leadership Skills workshop", Hamilton.

SCHILLING, J. (2010): Rechtsfragen in der Jugendarbeit. Über die rechtliche Absicherung pädagogischer Ziele. Aufsichtspflicht, Haftung, Versicherungen, Sexualstrafrecht, Jugendschutz, Reisevertragsrecht. Unter Mitarbeit von L. Wölfle und H. Rensing. Praxishilfen für die Jugendarbeit. 3. aktualisierte Auflage, Weinheim.

SENNINGER, T. (2010): Abenteuer leiten – in Abenteuern lernen. Methodenset zur Planung und Leitung kooperativer Lerngemeinschaften für Training und Teamentwicklung in Schule, Jugendarbeit und Betrieb. 5. Auflage, Münster.

Internetquellen

Internetquelle 1: http://www.outwardbound.de (Stand: 10.08.2013), offizielle Homepage von Outward Bound Deutschland e. V.

Internetquelle 2: http://www.outwardbound.net (Stand: 10.08.2013), offizielle Homepage von Outward Bound International Inc.

Internetquelle 3: http://www.jugend.rlp.de/haftung_aufsicht.html (Stand: 06.11.2013)

Internetquelle 4: http://www.rechtsfragen-jugendarbeit.de/aufsichtspflicht.htm (Stand: 06.11.2013)

Bildnachweis

Titelbild: © Autoren
Seite 35: © eyelab / photocase.com
Seite 40: © Autoren
Seite 42: © Autoren
Seite 45: © nikkytok – Fotolia.com
Seite 48: © Africa Studio – Fotolia.com
Seite 52: © Autoren
Seite 54: © kartos – Fotolia.com
Seite 56: © Autoren
Seite 57: © Autoren
Seite 58: © Mmchen / photocase.com
Seite 60: © Autoren
Seite 61: © 106313 / photocase.com
Seite 63: © morningside / photocase.com
Seite 64: © Perseomedusa – Fotolia.com
Seite 66: © Autoren
Seite 68: © Autoren
Seite 71: © piccaya – Fotolia.com
Seite 72: © Hello_beautiful / photocase.com
Seite 76: © Autoren
Seite 77: © Autoren
Seite 78: © Mr. Nico / photocase.com
Seite 80: © dread Kennedy / photocase.com
Seite 81: © Autoren
Seiten 82 / 145: © Autoren
Seite 84: © GAP artwork – Fotolia.com
Seite 85: © Autoren
Seite 86: © Francesca Schellhaas / photocase.com
Seite 89: © Autoren
Seite 90: © Autoren
Seite 92: © Floydine – Fotolia.com
Seite 94: © Autoren
Seite 100: © Junkstory / photocase.com
Seite 101: © cris dahm / photocase.com
Seite 102: © traffiQ Frankfurt am Main
Seite 103: © the artist / photocase.com
Seite 109: © Petr Necas – Fotolia.com
Seite 112: © Coloures-Pic – Fotolia.com
Seite 113: © ruewi / photocase.com
Seite 120: © Petair – Fotolia.com
Seite 122: © mihaela19750405 – Fotolia.com
Seite 127: © Deviant Ft – Fotolia.com
Seite 128: © 3ddock – Fotolia.com
Seite 130: © Brigitte Bonaposta – Fotolia.com
Seite 131: © Autoren
Seite 132: © Christian Schwier – Fotolia.com
Seite 135: © Farina3000 – Fotolia.com
Seite 137: © sp4764 – Fotolia.com
Seite 139: © markus_marb – Fotolia.com
Seite 140: © Mmchen / photocase.com
Seite 141: © Autoren
Seite 142: © misterQM / photocase.com
Seite 159: © misterQM / photocase.com

Der Klassiker:
Spielspaß für jede Gelegenheit

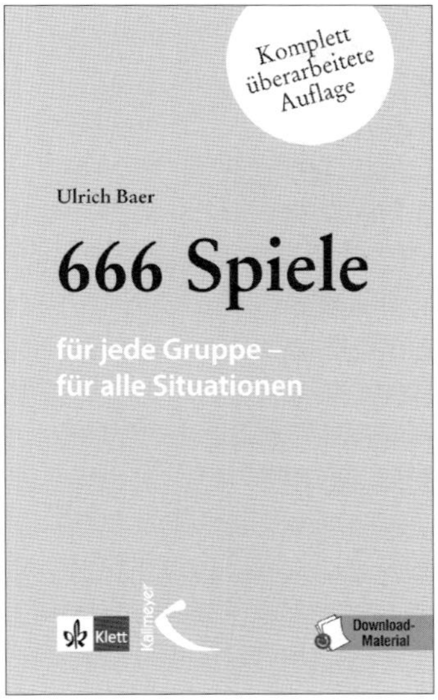

ULRICH BAER

666 Spiele

für jede Gruppe – für alle Situationen

12 x 19 cm, 424 Seiten, inkl. Download-Material

ISBN 978-3-7800-6100-3, € 16,95

Dieses komplett überarbeitete und aktualisierte Standardwerk der Spielliteratur bietet kooperative Spiele und Gruppenmethoden für alle Spielsituationen in Kinder-, Jugend- und Erwachsenengruppen. Erprobt, ausgewählt und zusammengestellt von dem Spielpädagogikexperten der Akademie Remscheid.

Neu ist die Anordnung der Spiele nach Spielanlässen. Sie finden u. a. Spiele zu folgenden Bereichen: Kennenlernen, Warming Up, Gruppenaufteilung, Wahrnehmung, Soziales Lernen, Motorik, Action, Entspannung, Sprache, Theater, Neue Medien, Projekte, Gestalten, Ganztag, Beratung usw.
Über 60 Spiele wurden in der aktuellen Ausgabe ersetzt, sodass Sie garantiert für jede Gelegenheit und für jede Gruppe das passende Spiel finden. Inkl. Download-Material in Form von Fragekarten, Fallbeispielen, Checklisten und Bildern zu mehreren Spielen.

Fachbuch

Alle Preise zzgl. Versandkosten, Stand 2017.

Klett Kallmeyer

Unser Leserservice berät Sie gern:
Telefon: 0511/4 00 04 -150
Fax: 0511/4 00 04 -170
leserservice@friedrich-verlag.de

www.klett-kallmeyer.de

Unter **www.friedrich-verlag.de** finden Sie Materialien zum Buch als Download.
Bitte geben Sie den achtstelligen Download-Code in das Suchfeld ein.

DOWNLOAD-CODE: **d14801cb**

Hinweis:

Das Download-Material enthält u. a. Checklisten, einen Leitfaden für die Spielleitung, zwei Regelkarten, Beispielseminare, eine Praktikumsbescheinigung und einen Fragebogen, die Sie bei der Vorbereitung Ihrer City-Bound-Aktionen unterstützen.

Haben Sie Fragen zum Download? Dann wenden Sie sich bitte an den Leserservice der Friedrich Verlags GmbH. Schreiben Sie uns oder rufen Sie uns an!

Sie erreichen unseren Leserservice
Montag bis Donnerstag von 8 – 18 Uhr
Freitag von 8 – 14 Uhr
Tel.: 05 11/4 00 04-150
Fax: 05 11/4 00 04-170
E-Mail: *leserservice@friedrich-verlag.de*

Wir freuen uns über Ihre Rückmeldungen und helfen Ihnen gerne weiter!